Écrire un roman sans prise de tête : la passion

Siana

© Siana, 2022. Tous droits réservés
Première édition : 2022
Illustration de couverture : ©Sketchify
Design de couverture : Siana
ISBN : 9798447052102
Dépôt légal : mai 2022

« Le Code de la propriété intellectuelle interdit les copies ou reproductions destinées à une utilisation collective. Toute représentation ou reproduction intégrale ou partielle faite par quelque procédé que ce soit, sans le consentement de l'auteur ou de ses ayants cause, est illicite et constitue une contrefaçon, aux termes des articles L.335-2 et suivants du Code de la propriété intellectuelle. »

Sommaire

Avant-propos : publics et sens de lecture 7

Par où commencer ? 13
Et si la passion vous aidait à mieux écrire... et à préserver votre motivation ?
- L'envie d'y croire 15
- Première contrainte : par où commencer ? 16
- N'écoutez pas les avis décourageants 19
- La vraie motivation ne demande pas d'effort 23
- La passion forge la compétence 24
- Raviver la flamme I : la douceur des premières joies 28

Compétence cachée n°1 : créer avec passion 37
Et si vous écriviez votre roman sans prise de tête, sans stress et sans blocage ?
- Les premières idées 40
- Choisir des bases solides 41
- Organisation 45
- Écrire, enfin... 47
- Relire en cours d'écriture ? 50
- Allier productivité et sérénité 50
- Comprendre et surmonter les blocages 54
- Raviver la flamme II : cibler la déprime pour s'en libérer 66

Compétence cachée n°2 : attendre pour comprendre 75
Et si la patience améliorait votre manuscrit... et vos capacités d'analyse ?
- Quand le manque de recul rend aveugle 77
- Mais oui, les corrections, ça fait peur ! 79
- Comment bien prendre une pause ? 80
- Raviver la flamme III : cesser le surmenage et la culpabilisation 82

Compétence cachée n°3 : corriger avec humilité **87**
Et si corriger, c'était en fait apprendre ? La correction ne devrait pas être une corvée !
- Transformer la correction en outil positif 90
- Commencer à corriger en douceur 93
- Et si jamais… c'est vraiment horrible ? 96
- Raviver la flamme IV : se réhabituer à positiver 100

Compétence cachée n°4 : organiser un cycle vertueux **105**
Et si vous ajoutiez des techniques positives et motivantes à vos habitudes de travail ?
- Le cycle vertueux : aller plus vite et plus loin 108
- Réfléchir autrement 110
- Écrire autrement 112
- Corriger autrement 118
- Attendre autrement 122
- Raviver la flamme V : ajuster sa méthode et son équilibre 124

Avertissement 131

Compétence cachée n°5 : grandir grâce à la critique **133**
Et si vous appreniez à exploiter efficacement l'avis des autres ?
- L'intérêt de la bêta-lecture 135
- Trouver un bon bêta-lecteur 138
- Organiser une bêta-lecture 141
- Recevoir une ~~bêta-lecture~~… critique ? 142
- Analyser une bêta-lecture pour en tirer le meilleur 146
- Établir un plan de correction efficace 157
- Entretenir sa motivation durant les corrections 160
- Raviver la flamme VI : relativiser la critique et
s'auto-évaluer 169

Compétence cachée n°6 : apprendre des autres **175**
Et si vous plongiez au cœur des techniques narratives des œuvres qui vous inspirent ?
- Dramaturgie ou narratologie ? 178
- Étudier la dramaturgie 180

- Comment analyser une histoire ? 186
- Problème perçu ≠ problème réel 200
- Comprendre ce que l'on admire 203
- Raviver la flamme VII : continuer à se former 206

Compétence cachée n°7 : affronter la correction éditoriale **211**
Et si vous receviez des conseils rassurants depuis l'autre côté du miroir ?
- Gérer les refus des éditeurs 214
- Se préparer à la correction éditoriale 219
- Attentes du public et potentialités 227
- Devenir écrivain : un *après* à construire 230
- Raviver la flamme VIII : commandes et volontés éditoriales 234

Compétence cachée n°8 : s'adapter à chaque projet **239**
Et si chaque histoire vous apprenait quelque chose de nouveau ? Surprenez-vous !
- Profiter et apprendre de chaque manuscrit 242
- Écouter ses émotions 247
- Avancer tandis que le monde tourne 250
- Raviver la flamme IX : évoluer sans se perdre soi-même 251

Comment bien continuer ? 255
Et si écrire devenait pour vous un chemin de vie ?

Bonus
4 techniques de confiance en soi 261
10 actions qui mènent à la réussite 265
12 conseils pour améliorer vos histoires 269

Ressources 277
Merci ! 279
Qui est Siana ? 281

Avant-propos :
publics et sens de lecture

Cet ouvrage est conçu pour accompagner toutes les personnes qui souhaitent écrire des histoires : débutants qui cherchent par où commencer, auteurs aguerris en plein blocage et vétérans qui perdent leur flamme. Son objectif : entretenir votre motivation avec positivité de l'écriture jusqu'à la publication !

De nombreux auteurs que je connais dépriment en bloquant sur leur manuscrit (je trouve ça triste) et, d'un autre côté, je croise beaucoup trop d'injonctions démotivantes destinées aux jeunes auteurs (et ça m'agace). Ayant déjà bravé ces difficultés, j'ai donc pensé que mon expérience pouvait leur être utile.

Vous trouverez dans ce guide de nombreuses techniques de motivation, réparties sur l'ensemble des chapitres de manière à baliser au mieux votre parcours d'auteur. Ainsi, vous pourrez acquérir plus facilement ces apprentissages que j'ai moi-même mis des années à développer.

Que vous cherchiez à *commencer* ou à *raviver la flamme*, la passion se nourrit à tout âge. On l'évoque peu dans les conseils d'écriture en général, je trouve qu'on la sous-estime. Pourtant, c'est un véritable moteur qui a le pouvoir de préserver la confiance en soi. L'objectif de ce livre est donc de vous aider à entretenir votre motivation sur tout le long du processus, étape par étape. Pour avancer avec positivité !

La méthodologie que je vous propose ici évite toute injonction à la productivité et à la perfection... afin de se concentrer davantage sur *vous*. Car *vous* êtes au cœur du processus. Il est temps que l'on s'occupe enfin de *vous*... et donc de bichonner votre passion. Parce que c'est la véritable clé de votre réussite !

Durant la lecture de cet ouvrage, deux symboles vous guideront :

💡 = Les « pensées motivantes » à adopter

✒ = Les exercices pratiques

Mais aucun n'est plus important que l'autre, au contraire, ils se complètent pour vous permettre d'avancer de manière concrète tout en préservant un état d'esprit positif et motivé !

Maintenant, je vous invite à poursuivre votre lecture en fonction de votre situation :

Vous êtes auteur débutant : cet ouvrage vous aidera à commencer à écrire sans vous prendre la tête. Juste avec votre crayon, vos meilleures idées et votre motivation première. Pas n'importe comment, mais le plus simplement possible. Sans préparation longue et éprouvante, sans injonction à la productivité, sans règle d'écriture complexe. Les conseils de méthodologie développés ici se veulent motivants et positifs. Au programme : écrire votre roman sans vous décourager, surmonter vos blocages, aborder la correction comme un outil positif et efficace, gérer et exploiter les critiques de votre roman, et apprendre à analyser les techniques d'écriture. L'objectif est que vous deveniez à la fois meilleur et fier de vous. Cet ouvrage vient donc en préambule aux livres plus techniques sur l'écriture, dont il sera un parfait complément.

<u>Sens de lecture</u> : je vous recommande la lecture dans l'ordre chronologique des compétences, en laissant de côté les encadrés de fin de chapitres. Si vous avez l'occasion d'appliquer les techniques au fur et à mesure, en parallèle du travail sur votre manuscrit, ça sera même encore plus efficace !

Vous êtes auteur intermédiaire : se situer entre le débutant et le vétéran ne veut pas dire que vous n'éprouvez aucune difficulté. Au contraire, si vous en avez vaincu certaines à force de travail ou de bonnes décisions, il en reste probablement... Cet ouvrage pourra donc vous aider à faire évoluer votre méthodologie, mais aussi votre approche de l'écriture et/ou de la correction. Choisissez ce dont vous avez besoin : surmonter vos blocages d'écriture, transformer la correction en outil positif, mieux exploiter les bêta-lectures et corrections éditoriales, approfondir vos techniques d'écriture. Vous avez certainement déjà une façon de travailler, donc le but sera surtout de l'améliorer pour gagner en efficacité et en sérénité.

Sens de lecture : je vous invite à lire la deuxième moitié du premier chapitre, qui expose le concept clé de l'ouvrage, puis à survoler les chapitres suivants pour voir lesquels répondent le plus à vos besoins. Dans le doute, vous pouvez choisir l'ordre chronologique, cela vous permettra d'obtenir de nombreux conseils de manière plus structurée. Si vous souhaitez lire les encadrés de fin de chapitres, penchez-y vous plutôt en dernier lieu. Il est possible que vous y trouviez quelques exercices intéressants, en fonction de vos blocages.

Vous êtes écrivain vétéran : tout débutant est en capacité de devenir un jour vétéran, cet ouvrage pourra donc être oublié sur une étagère durant dix ans, puis retrouvé et relu par un vétéran qui bloque depuis des mois sur son huitième roman. Parce que c'est triste d'endurer une flamme moribonde... Avec cet ouvrage, je m'adresse aux vétérans qui veulent *raviver la flamme*... et avancer ! Mais attention, s'il est grandement possible que cet ouvrage vous redonne envie d'écrire et vous débloque, il pourrait aussi vous confirmer votre besoin de « passer à autre chose ». Et ce ne sera pas une fatalité. Avancer, c'est parfois retrouver un chemin perdu, parfois changer de chemin. En tout cas, cet ouvrage vous aidera à faire le point sur ce que vous voulez vraiment aujourd'hui.

Sens de lecture : les encadrés de fin de chapitres vous sont en particulier dédiés, mais certains chapitres pourront également vous être utiles partiellement ou en entier. Je vous recommande donc de lire en priorité les encadrés, dans l'ordre chronologique, puis de compléter avec les chapitres qui répondent à vos besoins. Pour vous aiguiller, chaque fin d'encadré vous conseille des parties à consulter dans le chapitre en question.

Il ne me reste plus qu'à vous souhaiter... bonne lecture !

Par où commencer ?

L'envie d'y croire

Lorsque la première idée débarque, souvent sans prévenir, un monde infini s'ouvre soudain. Celui des mille-et-une possibilités d'histoires. Toutes géniales, c'est certain ! Du moins, nous aimons le croire. Nous avons envie d'y croire !

Après tout, nous sommes libres d'entreprendre les projets personnels que nous souhaitons. Alors, pourquoi pas un roman ? Pourquoi pas une nouvelle ? Ou juste ce personnage qui nous trotte dans la tête, cette intrigue, cet univers, ce message... Peu importe la forme de votre idée originelle, ce qui prime, c'est la liberté qui l'entoure !

Comme après un coup de foudre, on exulte, on commence à se poser des questions à base de « Et si... », à rêvasser, à oublier le reste du monde. Cette idée prend le pas sur tout. En particulier sur nos soucis tellement envahissants du quotidien. Car ce n'est pas un projet de plus, non, c'est une bulle d'évasion ! Une bulle où l'on se sent libre, où l'on se laisse juste porter par l'envie d'écrire et les idées qui défilent. Parfois, elle se présente aussi comme un exutoire aux moments difficiles que l'on rencontre.

Ça devient alors une nouvelle « mission de vie », avec laquelle on vibre à l'unisson. Comme après un premier baiser.

Mais... doucement, cette toute-puissance si grisante finit par retomber tel un soufflé. L'élan de la nouveauté passe, et la liberté paraît bien fausse, tout à coup, elle donne même le vertige. Parce qu'après la première idée qui libère, voici venir le premier doute qui contraint... Par où commencer cette fichue histoire ?

Première contrainte : par où commencer ?

Déjà, il vaut mieux bien comprendre la question. Car malheureusement (ou heureusement ?), elle arrive *très* vite. Une fois la première idée passée, un problème de taille survient, une interrogation qui nous emmêle vite les neurones.

Écrire une histoire, OK, mais par où commencer ?

C'est souvent une source de blocage qui amène de nombreux doutes.

Comment écrit-on une histoire ? Comment écrit-on « bien » une histoire ? Comment crée-t-on un personnage ? Comment conçoit-on une intrigue intéressante ? Est-ce que mon style ne sera pas nul ? Est-ce que je suis assez doué pour écrire des histoires ? Quelles règles sont les meilleures ? Quels conseils suivre, dans la masse des articles Internet destinés aux jeunes auteurs ? Lequel de ces trente-sept ouvrages techniques lire, pour commencer ?

[Bon oui, certains auteurs ont la chance de quitter la case départ avec une confiance démesurée, sans se poser ce genre de question. J'en ai fait partie, jadis ; et franchement, je m'en remercie. Je me suis évité ces doutes incessants du début... avant de tomber de haut, quelques années plus tard (le risque des personnalités narcissiques ou idéalistes, et de tous ceux qui ont un énorme besoin de reconnaissance). Si vous êtes comme moi, continuez mais pas trop, et surtout, lisez la suite de cet ouvrage, vous en avez besoin (si, si) !]

En vérité, je pense que la plupart des livres et formations qui veulent vous apprendre « comment écrire votre premier roman » font fausse route. De mon point de vue, c'est comme offrir à un enfant de huit ans un bouquin de chimie de lycée au lieu d'un « kit du petit chimiste ». Si l'enfant veut faire de la mousse, il peut tout à fait commencer par mélanger du vinaigre blanc à du bicarbonate de soude. Alors qu'avec un bouquin de chimie de lycée, il risque juste de ne rien y comprendre.

En écriture, c'est pareil. Si vous commencez par vouloir apprendre toutes les règles possibles, voici ce qui risque de se passer :
– vous n'allez pas en comprendre la moitié, puisque rien ne vous est familier
– vous allez vous énerver et vous fatiguer à essayer de comprendre
– vous allez trouver ça compliqué et/ou long, et ça va vous décourager
– vous n'allez pas réussir à tout retenir et ça risque de vous énerver

– vous allez avoir l'impression d'être vraiment nul, parce que, quand même, d'autres y arrivent très bien

[Ça, c'était quand je me suis aperçu que mes écrits avaient de grosses lacunes et que j'ai voulu essayer de rattraper mon soi-disant « retard ». En apprenant absolument tout ce qui me tombait sous la main. Vous ne voulez pas vivre ça...]

En gros, vous en reviendrez au même point.

Plein de livres et de conseils, OK, mais par quoi commencer ? Quel conseil suivre plus qu'un autre ? Quel livre ? Quelle formation ? Comment choisir ? Qu'est-ce qui conviendra le mieux à MON roman ?

Pire, vous serez même encore plus embrouillé qu'au début. Vous espériez trouver de l'aide, mais les conseils ne font que vous complexifier la tâche. Trop de choses à retenir, trop de techniques différentes, trop de trop... (du moins, pour débuter sereinement)

Et tout ça pour quoi ?

Comme toute personne indécise qui se respecte, vous allez donc demander l'avis de vos proches. De votre conjoint, de vos amis, de votre frère ou de votre mère.

Hum, peut-être pas une bonne idée non plus...

N'écoutez pas les avis décourageants

Que vous commenciez ou que vous cherchiez à raviver votre flamme, demander l'avis de votre entourage est toujours autant une mauvaise idée. Enfin, trop souvent...

Trop souvent, les proches s'inquiètent et veulent juste votre bien. C'est pourquoi ils auront tendance à essayer de vous aider d'une façon bien étrange (et que vous n'attendiez pas), avec des phrases telles que :

– Tu es sûr que tu veux écrire un roman ? Ça a l'air difficile...

– Tu veux écrire un roman ? Mais pour quoi faire ?

– Pourtant, tu n'as jamais rien écrit !

– Passer ses journées devant l'ordinateur, c'est bien un truc de feignant !

– Écrivain ? D'accord... Mais tu feras un vrai travail, à côté ?

– Tu es sûr d'avoir assez de talent pour y arriver ?

– Tu ne préfères pas d'abord trouver un vrai travail, et après tu écriras si tu veux le week-end pour t'amuser ?

– Tu ne veux pas faire un truc plus utile de tes journées ?

– Mais il faut avoir un don, pour ça...

– Et tu crois que tu en seras capable ?

Bref, de l'inquiétude, de l'incrédulité, des plans B et du découragement...

Sérieusement, vous avez vraiment besoin de ça ?

Alors, tout le monde ne réagit pas ainsi, mais à notre époque ces réactions sont encore bien ancrées, notamment chez les proches qui s'inquiètent pour vous ou ceux qui peinent à croire qu'on puisse faire d'une passion un métier. J'ose espérer que, les mentalités et le statut d'auteur évoluant, ça sera mieux à l'avenir.

Certes, il y a aussi un peu de réalisme dans tout ça : beaucoup d'écrivains ont une situation précaire. Mais est-ce que cela devrait vous empêcher d'écrire un roman si vous en avez envie ? Ou même deux ? Le métier d'écrivain se construit avec le temps, l'expérience et une envie qui ne surgit parfois que tardivement. Être auteur, c'est déjà plus simple et accessible, il suffit d'écrire (un roman, une nouvelle, une lettre, une chanson...).

Donc si vous avez déjà entendu certaines de ces phrases démotivantes, ne les laissez pas gouverner *votre* vie. Cherchez d'autres avis jusqu'à recevoir des encouragements, si vous le souhaitez. Et souvenez-vous : avant de devenir un métier, écrire est une passion. Comme la natation, le jardinage ou le tricot... et vous connaissez quelqu'un qui oserait vous reprocher de faire ces activités-là ?

D'ailleurs, le *talent*, parlons-en dès maintenant.

C'est une remarque qui revient souvent. Mais quand on demande aux gens de le définir, il n'en ressort qu'une vague idée de pouvoir mystique octroyé aux plus chanceux dès la naissance...

Le site du CNRTL[1] en donne la définition suivante : « *aptitude, capacité particulière, habileté, naturelle ou acquise, pour réussir en société et dans une activité donnée* ». En premier lieu, ça casse l'image du talent inné, puisqu'il peut effectivement être appris. Ensuite, qu'entend-on par « capacité naturelle » ? Est-ce qu'on naît en sachant écrire, marcher ou parler ? Non, donc ce n'est pas *naturel*. Est-ce qu'on naît avec des prédispositions à apprendre à écrire, marcher ou parler ? Ça oui, tout le monde peut en témoigner. Donc ce qui est naturel, ce serait plutôt la *prédisposition à apprendre*. Sauf que... certains bébés parlent ou marchent plus rapidement que d'autres. Et on ne dit jamais à un enfant qui tombe ou qui bafouille qu'il n'a « pas de talent », on *sait* juste qu'il n'y arrive *pas encore*.

Ainsi, certaines personnes sont à l'aise avec les chiffres, et d'autres ont, comme moi, une logique mathématique au ras des pâquerettes. En tant qu'autrice, j'éprouve de la facilité à créer mes personnages et à travailler leurs relations ; par contre, j'ai encore beaucoup de mal, même après des années de travail, à imaginer les décors et à décrire les scènes d'action. D'autres auteurs excellent pourtant sur ces points, mais ressentent des difficultés ailleurs.

Cette analogie illustre le fait qu'on ne peut pas être bon en tout, et c'est normal. En ce sens, le *talent* représente le fruit de nos capacités d'apprentissage, il souligne surtout la perspicacité qu'on développe dans nos domaines de facilité. Et lorsque la compétence apprise devient ainsi

---

[1] Centre National de Ressources Textuelles et Lexicales

intuitive à l'emploi, on devient « inconsciemment compétent » (selon les 4 étapes de l'apprentissage de Martin M. Broadwell, formateur en gestion).

C'est ainsi que des années de pratique hyper intensive nous forgent des petits pianistes prodiges de cinq ans, mais aussi des artistes dont on crie au « talent » en oubliant leurs dix années aux Beaux-Arts ou leurs vingt ans d'apprentissage en autodidacte. Dans tous ces parcours, il y a une idée prégnante d'*évolution*. Et le talent se trouve donc là, au croisement entre l'apprentissage de la théorie, les années d'expérience et la personnalité de l'artiste. Il se construit au fur et à mesure, tandis que l'être humain passe sa vie à grandir.

Par ailleurs, d'une certaine façon, le talent est aussi une affaire d'état d'esprit. Soit on part avec l'idée que « mon intelligence est innée, donc je suis à l'abri de tout échec », puis, à chaque échec, l'estime de soi dégringole et on a l'impression d'être nul. Soit on met l'accent sur l'activité, puisque « s'entraîner régulièrement apporte de meilleurs résultats » et un état d'esprit plus positif. Vous avez le choix ! (selon les études de Carol Dweck, chercheuse et professeure de psychologie)

Dans tous les cas, ne succombez jamais au défaitisme des autres. Ne donnez aucun crédit à toute leur négativité. Et attention, c'est diablement contagieux ! Certains croient même que se motiver est difficile, ils vous assènent des : « allez, il va falloir te motiver, si tu veux y arriver ». Mais non, en fait, ça ne marche pas comme ça...

La vraie motivation ne demande pas d'effort

Alors, oui, c'est bien beau de vouloir écrire, mais comment s'y mettre ? Comment se motiver, se lancer dans l'action, et surtout... comment éviter les blocages ?

Se dire « allez, il faut que je me motive à écrire » n'a rien d'une vraie motivation, c'est un effort agaçant. Le problème survient quand on se dit qu'il « faut se motiver » pour réussir à écrire, alors que c'est plutôt l'idée même d'écrire qui devrait nous motiver à agir, nous donner littéralement envie de courir jusqu'au bureau pour aligner les prochains chapitres. Autrement dit, ça ne devrait pas être à vous de réveiller votre motivation, c'est à votre projet en cours de vous appeler à lui. La vraie motivation, c'est comme une amie qui vous tire la manche en disant « Allez, vieeeens ! », et pas comme si vous étiez une mère qui crie « Bon, tu te lèves ? » à son enfant. La vraie motivation, c'est votre Muse qui vous chuchote des idées à l'oreille et qui vous pousse à les écrire dès que possible. Elle vient de l'intérieur, aussi viscérale qu'une émotion forte. En psychologie, on parle de motivation intrinsèque ou autonome.

La question qui se pose, c'est surtout : comment y parvenir ? Déjà, exit les injonctions à la productivité et autres règles de discipline. Ces faux *secrets* qui vous promettent d'y arriver... La seule chose dont vous avez besoin, c'est d'une émotion : la satisfaction. Savourer des victoires quotidiennes et le plaisir d'avancer sur votre roman sont les piliers des bonnes habitudes d'écriture.

Votre sentiment d'accomplissement personnel ancrera bien mieux votre motivation à l'intérieur de vous qu'une froide discipline, de manière plus durable et positive.

Alors, comment on fait ? Avant d'aborder la pratique et les exercices dans les chapitres suivants, voici le concept. De manière générale, on va chercher à renouveler sans cesse la motivation à court terme, afin de l'entretenir sur le long terme. Puisqu'elle est générée par les émotions, il faut trouver des moyens de rebondir régulièrement pour nourrir la satisfaction. En psychologie, ce genre de technique s'apparente à du renforcement positif.

Mais ce ne sont pas des techniques magiques, ce sont juste des habitudes positives à prendre sur la durée, à forger par une saine répétition. Certaines demanderont donc à être testées plusieurs fois pour vérifier si ça vous convient ou non, ou pour obtenir vos premiers résultats satisfaisants. Le plus important, ce sera de vous construire peu à peu une routine d'écriture motivante et positive grâce aux outils qui vous correspondent.

Et si la motivation est intimement liée aux émotions, c'est pour une raison très simple : elle en découle. Parce que la meilleure des motivations, la vraie de vraie, c'est la passion !

La passion forge la compétence

Comme beaucoup d'auteurs, j'ai traversé des phases de doute et d'interrogation, plutôt en mode « comment raviver ma flamme ? » (d'où la double thématique de cet ouvrage). J'ai longtemps cherché des techniques pour m'améliorer et me motiver... sans savoir ce que je cherchais vraiment, sans savoir ce dont j'avais vraiment besoin. Et puis, j'ai pris conscience d'une chose : j'ai longtemps cherché à l'extérieur ce que j'avais déjà à l'intérieur.

Ça m'est tombé dessus pendant une correction éditoriale... L'éditeur m'a demandé de retirer une scène dont j'aimais beaucoup l'originalité, le sens et la profondeur. Elle n'avait qu'une utilité mineure dans l'histoire, et je le reconnaissais, donc je l'ai remplacée (et gardée pour une autre histoire). Mais je me suis sentie mal... Et j'ai dû me poser pour y réfléchir. Pourquoi me sentais-je si mal à l'aise ? La réponse m'est venue assez rapidement, en cherchant de nouvelles idées pour remplacer la scène en question. En perdant cette scène, je perdais un fragment de ma passion ! Un fragment de ce qui me motivait dans cette histoire. Il m'a fallu trouver une nouvelle idée qui faisait autant battre mon cœur que la première, pour sortir de mon mal-être.

Et le concept de cet ouvrage que vous lisez vient de là ! Parce que c'est grâce à cet événement que j'ai découvert le moteur le plus puissant qui existe chez un auteur : la passion ! En y songeant, j'ai lentement pris la mesure de son pouvoir... Un pouvoir que j'avais déjà en moi depuis le début (en tant qu'optimiste), et qui ne cessait de croître. Un pouvoir dont je n'avais même pas conscience, jusque-là... alors que je l'employais tous les jours depuis des années !

Et ce moteur, tout le monde peut le développer.

Alors, sérieusement, si vous êtes débutant, laissez tomber tous ces livres et formations qui vous promettent un super premier roman. Vous n'en avez pas besoin. Enfin, pas tout de suite. La théorie seule est trop vaste pour qu'il soit suffisant d'apprendre puis d'appliquer des règles. Alors ne cherchez pas à être parfait dès le début, ou le désir de perfection dévorera lentement votre passion. En vrai, c'est votre passion qui vous mènera jusqu'à la perfection, pas l'inverse.

En commençant par la passion, vous évitez les prises de tête. Vous écrivez directement ce qui vous fait plaisir. Et plus vous l'entretiendrez ainsi, plus votre passion vous mènera loin. C'est véritablement elle qui finira par vous *pousser* à lire des bouquins techniques de cinq cents pages ou à suivre une formation quand vous en aurez besoin, quand vous vous sentirez prêt. À elle seule, une passion bichonnée peut vous donner littéralement *envie* d'apprendre des compétences spécifiques... et de rejoindre des groupes d'auteurs en ligne pour partager des expériences, rechercher des conseils et des encouragements. Un jour, vous finirez par lire dix articles sur Internet à trois heures du matin pour comprendre comment ça marche, ce foutu « show don't tell » dont vous entendez tellement parler. Un jour, vous finirez même par vérifier une obscure règle de grammaire avec un intérêt démesuré (si, si !).

Vraiment, c'est la passion qui nous donne l'envie d'avancer, page après page, correction après correction. C'est elle qui fait battre le cœur de notre motivation.

De ce fait, là où beaucoup de livres et de formations veulent vous apprendre « comment écrire votre premier roman », moi, je préfère vous aider à développer ce super pouvoir de motivation tout au long du processus, de l'écriture jusqu'à la publication. À mon sens, vous avez besoin de prendre confiance en vous et en vos capacités, afin de surmonter vos blocages et vos doutes. Vous avez besoin d'apprendre comment devenir un auteur qui bravera toutes les tempêtes et toutes les critiques. Ce n'est donc pas une question de règles magiques à apprendre, mais d'attitude à adopter. De passion à entretenir ! Ainsi, à chaque étape de votre roman, vous deviendrez plus efficace, et donc meilleur.

C'est là où vous faites le choix entre « apprendre à écrire un roman » et « apprendre à écrire *des* roman*s* ». Un bon écrivain a besoin de développer ses compétences sans perdre sa motivation. C'est pour ça que je vous propose cette méthode différente de ce que l'on trouve habituellement dans les formations d'écriture. Il s'agit d'ajouter une étape en amont : commencer par la passion. Elle vous entraînera loin, très loin, si vous le souhaitez. Et vous ne verrez plus le temps passer...

La passion mène à la technique.

La technique mène à la compétence.

La compétence mène à devenir écrivain.

Dans ce sens, et pas dans l'autre.

De cette manière, vous ferez ce qui est vraiment important pour vous dès le début. Vous pourrez succomber au coup de foudre de l'écriture avec douceur... et plaisir ! Sans prise de tête. C'est donc par là qu'on commence dans le chapitre suivant...

Et après...

Raviver la flamme I : la douceur des premières fois

Les encadrés « *Raviver la flamme* » sont destinés aux auteurs vétérans, et donc sûrement moins exploitables par les débutants. Leur objectif est de vous aider à faire le point sur un blocage chronique ou important qui vous démotive, afin de vous en sortir, mais aussi de vous accompagner dans l'évolution de votre méthode de travail et de vos habitudes d'auteur pour les renouveler de manière positive ! L'idée, c'est vraiment qu'on renvoie votre déprime au placard !

Parce que je vous vois venir, avec votre flamme moribonde, avec votre Muse aux abonnées absentes. Vous êtes probablement embourbé au beau milieu de votre cinquième ou de votre dixième roman, complètement paumé dans votre scénario, et surtout en perte extrême de productivité depuis si longtemps que ça se compte en mois (ou en années !). Concrètement, c'est la page blanche, ou l'incapacité même à s'asseoir pour écrire, avec toujours un sentiment de déprime profonde et d'impuissance ou d'indécision qu'on ne sait comment gérer...

Mais attention : si l'écriture vous sert principalement à évacuer des émotions négatives, et que c'est un « moyen défouloir » plus qu'une passion, alors cet ouvrage ne vous sera probablement pas d'une grande aide. Éventuellement, vous pouvez le vérifier avec les premiers exercices de cet encadré.

Mais si vous êtes dans cette situation et que vous souhaitez écrire autre chose, une histoire que vous aimeriez vraiment, je vous invite à suivre l'ordre de lecture destiné aux auteurs « débutants ». Après tout, cette façon d'envisager l'écriture sera *nouvelle*, pour vous.

Sinon, si vous avez le souvenir que votre passion était bien vivace, jadis, vous pouvez continuer, les encadrés de fin de chapitre sont faits pour vous !

Il existe deux principales raisons à votre situation : un manque d'ordre pratique (organisation, analyse) ou un manque d'ordre motivationnel (si malgré des changements de méthode vous déprimez toujours). Mais attention, l'un se cache parfois sournoisement derrière l'autre. Parce qu'il est plus facile de prétexter un manque d'organisation ou de temps que d'admettre qu'on a perdu la flamme. Un manque matériel, ça se gère plus facilement, ça nous laisse l'impression qu'on arrivera un jour à le résoudre, c'est concret et compréhensible, presque rassurant. Alors qu'un manque de motivation, ça peut ressembler à un puits sans fond, à un gouffre insondable sur lequel on craint même de poser les yeux... Donc souvent, on procrastine sur notre manque d'organisation parce qu'on sait, au fond, que ça a l'air trop simple et que ce sera trop vite résolu... sans résoudre le vrai problème qui se cache derrière. Et rien ne s'arrange...

Autant le dire toute de suite : si vous avez un problème *chronique* d'organisation, c'est soit que vous vous embourbez dans une méthode de travail qui ne vous convient plus, soit qu'il faudrait plutôt creuser du côté de votre motivation.

En tout cas, vous avez effectivement tout ce qu'il

faut pour vous sentir perdu, nul, indécis. Alors vous cherchez des idées salvatrices, vous tapez sur Google « Comment retrouver sa motivation ? », vous consultez peut-être des livres de développement personnel, ou vous demandez de l'aide à vos amis. C'est un bon début. Mais une fois encore, vous cherchez une solution à l'extérieur ; et une fois encore, il y en a *déjà* une en vous.

Votre passion. Elle n'a pas disparu, elle s'est juste étiolée avec le temps, ça arrive. Depuis combien de temps n'avez-vous pas ouvert la porte pour vérifier la vivacité de votre flamme ? Certains auteurs diront peut-être que c'est leur Muse qui boude depuis des lustres.

À un moment donné, vous avez oublié de l'écouter, votre flamme ou votre Muse. Vous l'avez peut-être snobée, parce que vous pensiez savoir ce que vous faisiez ou ce que vous vouliez, ou bien par « obligation ». Ce n'était pas forcément volontaire, sauf que ça dure depuis trop longtemps. Cela peut arriver à tous les auteurs, parce que personne n'est parfait. Il faut juste apprendre à reconnaître les signaux d'alarme. Ces moments de déprime et de démotivation qui tombent de plus en plus douloureusement sur vos épaules. Bien sûr, l'écriture n'est pas le seul facteur qui entre en jeu dans votre état d'esprit, mais *si* cette activité a déjà su faire bouillonner votre passion, alors elle a de grandes chances de pouvoir recommencer ! On essaye ?

Méthodo : pour mieux profiter de l'efficacité des exercices des encadrés, je vous recommande de prendre un cahier et des crayons, et de vous appliquer à noter par écrit les questions ainsi que vos réponses. Écrire offre un meilleur résultat, et se relire ouvre souvent de nouvelles perspectives de réflexion !

Eh oui, il est bien loin, ce temps des premiers émois et amours d'auteur... Des idées « géniales » qui jaillissaient sans fin, des mots qui s'écrivaient tous seuls, des scènes qu'on se jouait comme des moments épiques. Peut-être serait-il temps de se poser quelques questions pour raviver cette joie ?

Commençons par deux exercices tous doux pour replonger dans vos passions d'antan. Ici, on va se focaliser sur le positif :

✒ Ravivez votre première joie : *quelle a été votre plus belle première idée, en écriture ? Comment est-elle venue ? Puis quel chemin a-t-elle suivi ?* Peut-être qu'il s'agit de votre toute première idée de roman, ou bien d'une suivante. Peut-être même qu'il s'agit d'un poème ou d'une nouvelle.

Et si vous en avez plusieurs, de ces vieilles histoires que vous avez aimé écrire, jadis, repensez-y également. *Qu'est-ce que vous aimiez, dans ces idées, dans ces histoires, dans ces moments de découverte ? Qu'est-ce qui vous faisait plaisir ? Quelles étaient vos plus belles inspirations ?* Songez-y et listez autant de souvenirs positifs que possible, pour mieux vous en imprégner. N'arrêtez cet exercice que lorsque vous sentez l'élan de la nostalgie vous emporter au loin, jusqu'à ce sentiment de douceur qui vous ramènera un léger sourire.

✒ Ensuite, on peut élargir : *quelles étaient vos passions d'enfance ? Lesquelles avez-vous poursuivies, une fois adulte ? Lesquelles vous manquent, maintenant ?*

Ces introspections ne sont pas faites pour être douloureuses, mais au contraire pour retrouver des moments de joie et de douceur que vous aviez oubliés. Ici aussi, essayez de vous concentrer sur le positif.

Après ces deux exercices, je vous en propose un troisième qui fera le lien avec le prochain encadré. La question est à la fois simple et vaste :

✒ *Qu'est-ce qui vous motive et vous démotive dans l'écriture ?*

Notez cette question et répondez tout ce qui vient sans réfléchir, que ce soit au passé ou au présent. Qu'est-ce qui vous motivait ou vous démotivait *avant* ? Qu'est-ce qui vous motive ou vous démotive *maintenant* ? Listez toutes ces petites (et moins petites) choses qui ont accentué ou amoindri votre motivation, ces dernières années. Vous pouvez les organiser en deux ou quatre colonnes si vous le souhaitez. Cela vous fera une bonne vision d'ensemble !

Vous n'avez pas besoin de vous précipiter, sur ces exercices (et ceux des prochains encadrés). Il est probable que vous reveniez plusieurs fois sur vos réponses pour les compléter, et c'est tout à fait normal. Ce processus de questionnement enclenche une réflexion sur la durée.

Avant de consulter l'encadré du chapitre suivant, je vous conseille toutefois de lire la deuxième moitié de ce premier chapitre, qui développe le concept clé de cet ouvrage. Il vous aidera à mieux comprendre la suite !

Renvois au chapitre :

– *N'écoutez pas les avis décourageants,* notamment ma définition du talent
– *La vraie motivation ne demande pas d'effort,* concept clé de l'ouvrage
– *La passion forge la compétence,* concept clé de l'ouvrage

Compétence cachée n°1 :
Créer avec passion

L'origine de toute histoire, c'est vous. Oui, *vous* !
La toute première idée naît bien dans votre tête, non ?
Et si vous arrêtiez de l'oublier ?

À trop chercher « comment écrire un roman », on finit par faire l'impasse sur le principal : d'où vient l'histoire et qui la bichonne. La technique déborde sur l'aspect humain du projet et l'envahit bien trop souvent... C'est pourquoi nous allons revenir à l'essentiel, ici : *vous* !

Parce que c'est bien beau de parfaire sa technique, mais qui va s'occuper de vous, si vous ne le faites pas ? Personne n'écrira votre roman à votre place, ou alors pas comme vous le voulez, et vous le savez.

Donc, on va commencer par le début. Simplement.

Posez tous vos livres techniques, laissez vos articles de côté, fermez les forums et autres groupes de discussion où vous demandez des avis. Ne vous préoccupez pas de ce synopsis de travail dont vous cherchez peut-être la définition. Ne préparez aucun plan.

Oui, vous avez bien lu, on va partir directement sur un premier jet sans aucune préparation ! En même temps, c'est ce que je vous avais promis : ici, on commence sans prise de tête. Donc, sans préparation. (Enfin, pour l'instant.)

L'idée, c'est vraiment de commencer par la passion brute, celle qui sort de vous avant tout le reste. Puisque nous sommes chaque jour débordés d'émotions, profitons-en pour les rendre utiles !

Les premières idées

✒ Ouvrez juste votre traitement de texte ou votre super carnet d'auteur sur une page vierge. Et écrivez.

Quoi ? Eh bien, ce qui vous passe par la tête. Lâchez toutes vos idées en vrac, ici et maintenant. Tout ce que vous souhaitez et qui vous fait plaisir, qui vous parle. Sans aucune censure. Faites donc une première liste. Puis une deuxième. Puis une troisième. Ne réfléchissez pas... pas tout de suite ! Au début, vous allez peut-être avoir du mal à noter des idées, mais ça finit toujours par venir. Formulez des « Et si... », posez-vous des questions, émettez des hypothèses. Tout peut être prétexte à écrire une histoire, en particulier les thématiques que vous aimez. Songez-y en vous promenant au parc, quand vous êtes dans les bouchons, quand vous prenez votre douche ; puisez dans votre quotidien, c'est la meilleure source d'inspiration que vous pourrez trouver. Et chaque idée qui sort ainsi, notez-la. Pensez juste à regrouper toutes vos idées dans le même document, à terme.

En procédant ainsi, votre peur de la page blanche devrait diminuer rapidement. Parce que les idées appellent les idées : plus vous en avez... plus vous en avez ! Et au bout d'un moment, des liens commencent à se tisser entre certaines d'entre elles. Vous avez des morceaux de scènes qui émergent, des noms de personnages, des actions, des « Oh, et là, il va lui annoncer qu'il est son père ! ». Aucune censure, on a dit. Vous êtes libre de noter tout ce qui vous fait plaisir !

Choisir des bases solides

À un moment donné, les idées finissent tout de même par se tarir, ou au moins, leur cadence diminue. Ce sera le moment de vous relire et de réfléchir à ce que vous souhaitez écrire. Le dilemme, c'est que, parmi vos idées, certaines se contrediront ou se marieront mal. Et de manière générale, vous ne pourrez probablement pas tout mettre dans votre roman. Une histoire avec trop de thématiques ou d'idées est très difficile à gérer. Peut-être qu'il vaut donc mieux commencer par quelque chose de simple (afin de ne pas vous prendre la tête, par exemple).

✒ Pour faire un premier tri, mettez donc de côté toutes ces idées « bof » qui vous inspirent moins. Ensuite, traitez le cas des clichés avec votre conscience : est-ce que vous en gardez certains, pourquoi, comment ? Parce que oui, et en particulier dans vos toutes premières idées, il y aura souvent des clichés. C'est davantage lors de la deuxième ou de la troisième liste qu'on arrive sur des idées plus travaillées ou originales. (Mais pas toujours non plus.) Attention toutefois à ne pas expédier ce tri. Si certains clichés vous ennuient, ou si vous aimez des idées sans savoir quoi en faire, tout n'est pas perdu !

Dans vos notes, y a-t-il également des idées qui se regroupent, qui vont bien ensemble, qui formeraient presque une histoire à elles seules ? Y a-t-il aussi des idées que vous n'auriez pas pensé rapprocher au premier abord ? Réfléchissez-y, on croise rarement des polars de

Noël ou de la science-fiction érotique. Il y a peut-être quelque chose à tenter entre vos idées ! Essayez de les rapprocher les unes des autres, et de voir si votre imagination s'emballe. Essayez aussi de trouver des variantes à vos idées, parfois cela peut donner de nouvelles illuminations.

Tout ce processus de tri et de réflexion peut durer de quelques jours à quelques semaines (parfois même, quelques mois). C'est normal. C'est un travail qui peut se poursuivre assez longuement, jusqu'à ce qu'un embryon d'histoire en émerge. En général, vous le saurez, parce que c'est à ce moment-là que votre passion s'enflammera. Soudain, ça sera cette histoire et pas une autre ! (Mais ne vous inquiétez pas pour les idées non utilisées, vous pouvez les garder de côté pour de prochains projets.)

✒ Une fois que vous commencez à cerner les bases de votre histoire, on peut vérifier sa viabilité assez simplement, avec ce que j'appelle des *questions structurelles*. C'est un peu comme une check-list ! Notez-les donc et tentez d'y répartir vos idées :

– Quel est votre personnage principal ? (Qui)
– Que veut-il ou que cherche-t-il à faire ? (Objectif)
– Pourquoi le veut-il, pour quelles raisons ? (Motivations)
– Quel est son plan pour y arriver ? (Moyens)
– Quels sont les risques, si le personnage échoue ? (Enjeux)
– Quelle est la force d'opposition principale, et sa motivation ? (Antagoniste)

Bien sûr, toutes vos idées ne rentreront pas dans ces cases, mais ces questions vous permettront de distinguer vos idées principales des autres. Ce que vous aurez là, c'est la base de l'histoire, une ligne directrice claire et cohérente. Il est possible aussi que ces questions vous permettent de réfléchir encore à ce que vous souhaitez écrire, et vous apportent de nouvelles idées !

D'ailleurs, si vous avez un groupe de personnages principaux, vous pouvez répondre pour le groupe. Et si vous souhaitez écrire un roman choral, à plusieurs points de vue, il peut être intéressant de poser ces questions pour chaque personnage important.

Faites juste attention à ne pas surcharger vos réponses. S'il y a trois objectifs qui n'ont rien à voir les uns avec les autres (par exemple : trouver une épée, sauver un ami et retrouver son frère disparu), il y a peut-être encore du tri à faire, ou du lien à créer entre eux.

En répondant aux questions ci-dessus, vous obtenez donc vos *éléments structuraux*, c'est-à-dire les idées qui constituent la base de votre histoire. Il suffira ensuite de les répartir au début de votre manuscrit. Quand on lit un roman, ils sont généralement annoncés dans les deux ou trois premiers chapitres, c'est la promesse de l'aventure faite au lecteur, et c'est ce qui donne envie de lire la suite !

✒ Une autre question, qui sera le pivot central de votre histoire, est : quelle est votre intention d'écriture ? Pourquoi et comment *vous* souhaitez écrire votre histoire de cette façon ? Votre intention est une sorte de cap, qui vous guidera sur tout le long de l'écriture. C'est ce qui vous motivera le plus !

On y trouve souvent des éléments liés aux *questions structurelles*, mais aussi à l'univers, à la forme que prendra l'histoire, aux thématiques abordées, aux émotions recherchées, voire aux références qui nous inspirent. Une trame d'intention peut ainsi se présenter de cette manière : je souhaite écrire l'histoire de (résumé = *quoi ?*), construite (de telle manière = *comment ?*) afin de (transmettre tel effet = *pourquoi ?*).

Exemple 1 : *Je souhaite écrire une histoire où la princesse se délivre toute seule, construite sous forme de conte moderne avec son point de vue féministe, afin d'explorer la détermination qu'on peut ressentir en tant que prisonnière.*

Exemple 2 : *Je souhaite écrire l'histoire d'un voleur qui infiltre un bateau de pirates, en roman d'aventure jeunesse, et y développer les thèmes de la camaraderie et de la trahison.*

Exemple 3 : *Je souhaite écrire une version d'*Alice au Pays des Merveilles *qui se déroulerait dans l'espace, un peu façon* Star Wars.

Maintenant, à vous ! Essayez de résumer votre idée de cette façon.

Votre intention peut bien sûr contenir certaines de vos réponses aux *questions structurelles*, mais aussi et surtout ce qui vous tient le plus à cœur dans votre histoire ! Si l'exemple proposé ci-dessus ne suffit pas, développez sur une page entière, consacrez plusieurs phrases à chaque élément (quoi, comment, pourquoi). L'important est que vous puissiez exprimer clairement ce que vous souhaitez.

Ce n'est pas toujours évident, d'ailleurs, l'intention n'apparaît parfois véritablement qu'en cours d'écriture, et elle peut évoluer suivant la réflexion de l'auteur sur son histoire. Elle permet toutefois de dégager une idée claire de ce que vous voulez vraiment ! Ce sera LA phrase ou LE paragraphe à relire en cas de doute durant l'écriture ou la correction de votre roman. Votre cap. Ce qui vous motive le plus.

Une fois que vos idées sont triées et que votre intention est posée, vous pouvez : soit passer au paragraphe « *Organisation* », ci-dessous ; soit directement à l'écriture, partie suivante. Tout dépend si vous sentez que vos notes suffisent ou non.

Organisation

Si les deux parties précédentes peuvent convenir à tout le monde, ça ne sera peut-être pas le cas pour celle-ci. En effet, certains auteurs ont besoin d'un minimum d'organisation pour se rassurer sur leur projet, savoir où ils vont, obtenir une vision globale de l'histoire, ou même faire des recherches documentaires. Cela permet parfois d'éviter la page blanche en cours d'écriture.

Néanmoins, puisqu'on a dit « sans prise de tête », on ne va pas monter des plans en soixante pages. Si vous en avez besoin, nous allons juste organiser davantage vos idées.

✒ Choisissez la manière qui vous convient :

– Thématique : regrouper les idées qui vont bien ensemble, selon votre logique personnelle. Par exemple, toutes les idées concernant un personnage, ou une action, ou le décor, ou une scène. Ça peut être l'occasion d'obtenir des ébauches de fiches personnages ou de plan de l'intrigue.

– Chronologique : essayez de déterminer quelles idées seraient bien au début de l'histoire, quelles autres au milieu puis à la fin. Que ce soit des actions, des révélations, des dialogues. Il y a toujours plusieurs combinaisons possibles, n'hésitez pas à en tester plusieurs pour les comparer et choisir ce que vous préférez. Parfois, quand deux idées se complètent, il y a une logique à ce que l'une soit mise en première et l'autre en deuxième (une révélation qui entraîne une dispute, par exemple).

Dans tous les cas, ne vous encombrez pas trop avec cette préparation. Arrêtez-vous quand vous avez, au maximum :

– la liste des *éléments structuraux* définis précédemment
– votre intention d'écriture
– une ébauche rapide des personnages principaux
– une liste des péripéties par ordre chronologique

– une petite fiche de notes sur l'univers, si vous écrivez de l'imaginaire

Vous n'aurez pas besoin de plus pour commencer votre premier jet ! Parce que je vous connais, si ça continue, vous risquez de vous embourber dans la création de tout un tas de détails qui serviront juste à procrastiner l'écriture de l'histoire !

Enfin, en organisant tout cela, il y a fort à parier pour que d'autres idées pointent leur nez. Intégrez-les où vous le souhaitez. Après tout, c'est votre histoire !

Écrire, enfin...

Quand toutes les idées sont prêtes, il n'y a plus qu'à commencer l'histoire. Eh oui, on a bien dit « sans prise de tête » ! Donc sans autre préparation que celle ci-dessus.

Partez avec vos notes et posez vos premiers mots. Il y a plusieurs manières pour cela, faites comme vous préférez :
– choisir le titre de votre histoire
– choisir le titre de votre chapitre
– écrire les premières scènes dans l'ordre chronologique
– écrire la scène qui vous fait juste envie
– commencer par la fin

Tout est possible ! L'important, c'est de suivre votre passion, laissez-vous porter. À ce stade, rien d'autre n'a d'importance.

✒ Voici plusieurs petites astuces, néanmoins, pour vous aider :

– Si vous souhaitez <u>débuter par un choix de titre</u>, écrivez donc une nouvelle liste d'idées reliées à votre histoire, une liste des thèmes que vous pensez aborder, essayez de résumer votre histoire en une seule phrase (exercice difficile !), cela pourrait vous donner des pistes. Ou simplement, relisez toutes vos notes, et voyez l'inspiration qui vient. Dans tous les cas, rassurez-vous, il est très probable que vous changiez une ou plusieurs fois vos titres en cours d'écriture, ou même après. Ça arrive très fréquemment, parce qu'on trouve de meilleures idées une fois qu'on a l'histoire entière sous les yeux. Donc pas besoin de trop se prendre la tête non plus là-dessus ! Trouvez ce qui vous parle aujourd'hui, et laissez votre *vous* de demain en décider autrement quand il le souhaitera.

– Si vous hésitez à <u>écrire l'histoire dans le désordre</u>, c'est normal ; quand on débute, on peut douter de beaucoup de choses, et surtout de soi-même ou du projet. Alors, dites-vous juste que vous êtes libre ! C'est à vous de choisir votre façon d'écrire, de trouver la méthode qui vous correspond. En vrai, il y a de très nombreux auteurs qui écrivent leurs histoires au fil de l'eau, dans le désordre, et qui ne savent jamais quelle sera la fin avant d'y arriver. On les appelle les « jardiniers » ou « scripturaux ». Si vous sentez que cette approche vous correspond, ne laissez personne vous convaincre de faire des plans, allez-y juste avec votre passion, et écrivez ce que souffle votre Muse ou votre inspiration. Gardez juste en tête que vous aurez davantage de travail à la correction.

– Si vous <u>manquez encore de cadre et de structure,</u> malgré l'organisation établie plus haut, on peut pousser davantage la préparation. Oui, oui, tout n'est pas perdu, et je sais bien que ça vous rassurera ! Dans ce cas, je vous propose tout simplement d'établir des plans de chapitres, à l'avance ou non. C'est-à-dire que votre liste chronologique, vous pouvez la découper pour former vos chapitres. Et juste avant d'écrire chaque nouveau chapitre, je vous conseille de prendre quelques minutes pour relire vos notes, y réfléchir, peut-être les modifier. Il y a de grandes chances pour que des idées se pointent à l'improviste, et ça vous motivera d'autant plus. Peut-être que vous trouverez toute cette préparation un peu rébarbative, au début, mais si vous en ressentez le besoin, si ça vous rassure, vous finirez par vous forger votre propre méthode de préparation, plus ou moins longue et fournie. Vous ferez ainsi partie des « architectes », aussi appelés « structuraux ».

Note : en fait, il est très probable que vous soyez en partie jardinier et en partie architecte. Chez les auteurs que je connais, certains se préparent un peu au début puis abandonnent leur plan en cours de route, d'autres commencent leur plan au milieu de l'histoire pour éviter de trop partir dans tous les sens… L'important, c'est qu'au fur et à mesure, si vous continuez à écrire de nombreux projets, vous développerez votre propre méthode !

Relire en cours d'écriture ?

Non, par pitié ! Ne relisez jamais ce que vous avez écrit, à ce stade. Pas même le dernier chapitre ni la dernière page. Éventuellement, relisez le dernier paragraphe si vous étiez au milieu d'une scène ou d'un chapitre, mais c'est tout !

Sinon, vous courrez un risque dont souffrent beaucoup d'auteurs : stagner. Parce que relire donne envie de corriger. Et quand on commence à corriger avant d'avoir terminé le premier jet... il y a un gros risque de s'embourber dans la correction et de ne plus avancer. Relire sans cesse, corriger sans cesse. Ça nous rend des auteurs malheureux, et c'est bien dommage.

Donc si vous pouvez vous en passer, c'est mieux. Ne perdez pas votre temps à essayer de vous corriger pour l'instant, c'est trop tôt ! Vous risquez juste de vous décourager, de noyer votre passion dans la réalité de l'imperfection des premiers jets. Et ce n'est pas comme ça que vous devez l'apprendre. Les deux prochains chapitres de cet ouvrage seront là pour vous aider à aborder la relecture de manière plus sereine et posée, de manière à toujours entretenir la flamme de votre passion.

Allier productivité et sérénité

Beaucoup d'auteurs se lancent dans l'écriture avec insouciance, puis développent malgré eux de mauvaises habitudes : improductivité culpabilisante, besoin de perfection, impression constante de se sentir nul, indécisions stressantes... Vous n'avez pas envie de vivre ça ! L'écriture du premier jet est donc le bon moment pour commencer à prendre de meilleures habitudes. Des habitudes positives qui vous éviteront ou atténueront les mauvaises. L'idée, c'est vraiment de vous lancer et d'avancer sereinement, donc sans prise de tête ! Voici quatre premières techniques pour vous y aider :

💡 *Parce que j'en ai envie :* comme évoqué dans l'introduction, votre meilleure motivation est celle qui vient de l'intérieur. Si vous vous forcez à coup de « il faut » et de « je dois » : arrêtez d'écrire à chaque fois que ces ordres vous parviennent. Le monde actuel raisonne tellement en termes de productivité qu'il faudrait qu'un être humain soit *utile*, mais il ne réduit l'utile qu'au quantifiable, au nombre d'heures de travail, aux résultats visibles. Alors qu'écrire des histoires se fait pour la joie du cœur et de l'esprit des lecteurs. Personne ne doit vous forcer, même pas vous ! Cela peut devenir contre-productif, être source de découragement et de difficulté à continuer. N'acceptez d'écrire qu'à la demande des « j'ai envie » et des « ça me manque ». Écrivez juste *parce que vous aimez écrire* et/ou parce que vous souhaitez ardemment transmettre quelque chose à votre public. C'est une habitude beaucoup plus saine à prendre ! (Croyez-moi, j'ai vécu des années avec ces tares d'injonctions, et je n'ai jamais autant écrit que depuis que je les ai chassées...)

✒ *Commencer par trois lignes* : au lieu de vouloir écrire mille mots ou une heure par jour, il est parfois plus simple de juste se dire « je vais écrire quelques minutes et on verra » ou « je vais déjà commencer par trois lignes ». Parce que c'est de cette façon qu'on parvient finalement à écrire cinq ou dix pages sans s'en rendre compte. Véridique ! De mon côté, c'est testé, approuvé et adopté ! Prenez seulement en compte qu'il peut falloir plusieurs tentatives pour s'y habituer et devenir productif. Mais cette technique marche même quand on manque de motivation, elle est d'ailleurs parfaite pour écrire sans pression ou pour s'y remettre après une longue pause. Donc évitez les gros objectifs si ça vous mine le moral, commencez déjà par trois lignes. Elles pourraient vous emmener plus loin que vous ne le pensiez !

✒ *Visualiser pour y arriver :* appliquée à l'écriture, la visualisation peut donner d'excellentes scènes et booster votre motivation. En premier lieu, il suffit d'imaginer la scène, de la visualiser avant de l'écrire (ou en même temps), cela permet d'éclaircir l'idée que l'on a en tête et donc de mieux la mettre en pratique, de mieux articuler les actions des personnages. Si vous avez des difficultés à imaginer vos personnages ou les décors, n'hésitez pas à créer un montage d'images inspirantes, en trouvant celles qui résument bien ce que vous souhaitez écrire. Pour l'aspect motivation, n'hésitez pas, en plus, à imaginer les émotions que le lecteur pourrait ressentir durant votre scène. Que souhaitez-vous lui faire ressentir ? Cette question vous permettra d'affiner votre scène tout en ravivant votre motivation à l'écrire.

Agir sur vos démotivations : se démotiver au milieu du premier jet, ça arrive, et plusieurs raisons sont possibles. Si vous cherchez quelle est la vôtre, elle sera plus facile à résoudre... à condition de s'en occuper rapidement ! L'important, c'est de ne pas traîner votre sentiment négatif durant des semaines, car c'est lui qui nourrit votre démotivation : agissez ou prévoyez une solution.

Si la scène que vous écrivez vous ennuie, elle ennuiera aussi certainement vos futurs lecteurs, autant l'effacer et recommencer ! Ou bien notez ce qui vous gêne puis passez à la suite, vous y reviendrez lors de la correction.

Si vos idées s'épuisent, il est peut-être temps de prendre une pause pour cogiter à la suite. Parfois, réfléchir à la trajectoire des personnages peut aider : d'où viennent-ils, que veulent-ils, pourquoi agissent-ils, où vont-ils, etc. Si vous aviez commencé à écrire sans plan et que vous souhaitez en formaliser un, ça peut être le moment aussi.

Vous trouvez votre projet trop gros ou fatigant ? Ça peut arriver qu'on s'embourbe dès le début dans un roman complexe avec de multiples personnages et sous-intrigues. Dans ce cas, pourquoi ne pas le laisser de côté et essayer un texte plus court, comme une nouvelle ? Ça vous changera les idées, ça vous entraînera ! Et vous aurez le temps de revenir plus tard à votre histoire longue.

Bref, agissez rapidement ou prévoyez une future correction, ça vous donnera le sentiment d'avoir réussi à braver cette difficulté et vous retrouverez ainsi une émotion positive. Parce que, inconsciemment, ça rassure !

Ces premières techniques devraient vous permettre d'avancer plus tranquillement, mais si jamais elles s'avèrent insuffisantes durant votre premier jet : consultez la partie suivante sur les blocages, la partie « *Écrire autrement* » de la compétence n°4, et/ou faites une pause pour lire cet ouvrage en entier. Les nombreuses astuces de motivation disséminées vous aideront à entretenir et ancrer davantage votre motivation.

Comprendre et surmonter les blocages

Bien sûr qu'il y en a, comme dans tout, comme partout. Voici une liste non-exhaustive des problématiques qui reviennent fréquemment chez les auteurs, afin que vous puissiez les affronter plus sereinement :

– Le choix du point de vue ou du temps de narration : ces éléments peuvent être bloquants dès le début. Un seul point de vue ou plusieurs, à la première personne (je) ou à la troisième (il/elle), au passé ou au présent ? Selon l'histoire, l'une de ces options peut se révéler plus intéressante que les autres. Mais le choix dépend aussi de vous, de vos préférences. Profitez de votre premier chapitre pour tester les possibilités, généralement ça aide à se faire une idée. Astuce bonus : les personnages qui subissent le plus de tensions et de difficultés durant l'histoire sont souvent les meilleurs choix de points de vue ! Dans tous les cas, si au bout de plusieurs chapitres vous trouvez que ça coince, changez ! Ainsi, vous finirez par trouver ce qui vous convient le mieux.

– Vous remarquez un <u>gros problème</u> dans votre histoire : un personnage qui disparaît au milieu de l'intrigue, une grosse incohérence, une péripétie impossible… Alors, comment faire si, en cours d'écriture, quelque chose vous chiffonne et vous donne envie de tout réécrire ? Si le problème se situe dans les chapitres encore non écrits, réfléchissez à un moyen d'ajuster votre idée. S'il se trouve avant et perturbe la suite de l'histoire, songez à une correction et prenez-la en compte dans les chapitres à venir. Ne corrigez pas ce que vous avez déjà écrit, notez plutôt vos idées de correction sur un document pour plus tard (pour respecter le conseil de ne pas relire en cours d'écriture).

– Vous ne savez pas <u>comment écrire une scène</u> : que ce soit de la course-poursuite, un combat à l'épée, le tout début de l'histoire, une scène érotique, une enquête… ces scènes sont toutes différentes et ne demandent pas les mêmes attentions ni les mêmes effets. Donc oui, il peut arriver que vous bloquiez sur une scène un peu particulière, ou que vous ne trouviez pas la bonne façon de l'écrire. Si vous en êtes là, faites juste de votre mieux. Vous aurez tout le loisir d'y revenir plus tard. Ne laissez pas votre passion s'énerver ou se flétrir sur une difficulté. Ce genre de blocage est tout à fait normal, et il ne vaut mieux pas s'y échouer. Alors, faites juste de votre mieux ! Au besoin, renseignez-vous un peu s'il s'agit d'un sujet technique, puis vous aurez le temps de creuser à la correction. Ce sera déjà une bonne base à retravailler plus tard. Et qui sait, peut-être que, finalement, à la relecture, ça ne sera pas si mal que ça ? (oui, oui, ça arrive !)

– Vous <u>doutez de vos idées</u> : en l'état, on ne peut jamais vraiment être sûr de rien. Certaines idées ont l'air géniales ou horribles sur le moment, puis la tendance s'inverse finalement quand on relit le manuscrit. Si vous regardez les romans qui se vendent bien chaque année, il y en a qui sont bourrés de clichés, de longueurs ennuyeuses, ou qui présentent des personnages très creux. Ce qui ne les empêche visiblement pas d'avoir des fans. Parce que sous ces faiblesses, ils ont de nombreuses qualités. Bon, ce n'est pas une raison pour bâcler votre premier jet, mais au moins, cela pourra vous rassurer. Rappelez-vous aussi que vous aurez le droit de corriger votre histoire, vous n'êtes pas obligé de la garder avec ses défauts si vous lui en trouvez. Tout de suite, ça rassure !

– Vous craignez le déjà-vu et le <u>manque d'originalité</u> : on entend souvent répéter que toutes les bonnes idées ont déjà été écrites, qu'il n'existe plus rien d'original. Quand J. R. R. Tolkien a inventé les Hobbits, c'était neuf et frais, mais trouver un concept innovant n'est pas la seule manière d'obtenir des idées originales. De nos jours, marier plusieurs concepts entre eux fonctionne aussi très bien. Par exemple : écrire une romance... dont l'un des deux amoureux est un vampire (ou un zombie !). C'est déjà devenu un cliché, à force d'être répété, mais il existe toujours un public pour ce type d'histoire. En plus du concept, on peut changer le contexte, les personnages, les éléments de l'intrigue... La romance pourrait se dérouler dans le passé, dans le futur, sur une autre planète, entre plus de deux personnes... De nombreux éléments de l'histoire peuvent ainsi être personnalisés pour ajouter une touche d'originalité. Enfin, attention tout de même à ne pas aller dans la surenchère : l'originalité ne fonctionne que dans une juste mesure !

– Vous <u>doutez de votre style</u> : au début, c'est normal. Certains auteurs n'y prêtent aucune attention, mais si vous n'en faites pas partie, souvenez-vous d'une chose : le premier jet est juste pour vous, et personne d'autre ! Vous n'êtes pas obligé de le faire lire à qui que ce soit. Parce que oui, quand on débute, on a rarement le style d'un écrivain chevronné. Par contre, si vous continuez à écrire après ce premier jet, si vous continuez avec plusieurs histoires, votre style s'affinera indubitablement. Ça fait partie de ces compétences invisibles qu'on développe inconsciemment, et qu'on découvre en relisant de vieux manuscrits. Après, vous pouvez aussi vous entraîner sur des exercices de style, choisissez ce qui vous parle, ce dont vous avez besoin. Et pensez à lire, aussi, ça aide ! Étudiez un peu le style de vos écrivains préférés (sans forcément chercher à le recopier), si vous le souhaitez. Mais attention aux fausses bonnes idées : chercher un style riche ou soi-disant « littéraire » n'apporte souvent que lourdeurs, phrases alambiquées, incompréhensions et mots mal choisis (en dépit de votre impression de bien écrire). Allez plutôt de la simplicité vers la complexité, nourrissez vos phrases lors de la relecture ou de la correction, vous verrez mieux ce qui leur manque.

– Vous craignez <u>la page blanche</u> : oui, il fallait bien qu'elle arrive quelque part ! Cela peut vous arriver au début, comme à la fin ou au milieu de l'histoire. Tout à coup, la panne sèche vous tombe dessus ! Pas de panique, ce n'est que temporaire. (Bon, oui, parfois ça dure quelques semaines...) En tout cas, vous avez plusieurs possibilités : prendre le temps de cogiter tranquillement, en profiter pour vous reposer un peu (ça fait toujours du bien), pratiquer une autre activité en attendant (votre inspiration travaille aussi en arrière-plan), en parler éventuellement dans un cercle d'auteurs pour recevoir quelques idées, ouvrir une page vierge et noter toutes les idées qui viennent (pour la remplir, cette maudite page blanche !). N'hésitez pas à marier ces techniques, et prenez vraiment votre temps, les idées finissent par revenir. Après, si la *page blanche* surgit de façon chronique, il y a peut-être quelque chose à creuser, une peur qui vous empêche d'avancer. Si c'est le cas, je vous renvoie à la suite de cette liste de problématiques. Vous trouverez aussi de nombreuses techniques dans cet ouvrage qui devraient pouvoir vous aider.

– Vous <u>manquez de temps ou d'énergie</u> : beaucoup d'auteurs aimeraient posséder un *retourneur de temps* ou se dédoubler, car c'est malheureusement une problématique *très* répandue. Que ce soit le manque de temps pur ou l'épuisement dû à un travail quotidien, la frustration qui en ressort demeure pénible. Néanmoins, c'est le signe que votre motivation est là, et rassurez-vous, il y a des solutions. Essayez-les et choisissez ce qui vous convient le mieux !

Quelques possibilités à tester : bloquer un créneau durant la journée (tôt le matin, à la pause du midi ou tard le soir), bloquer du temps durant les week-ends, faire une pause dans l'un de vos hobbies, écrire par tranches de dix minutes par-ci par-là, emporter partout un cahier pour écrire à la main, garder votre tablette pour écrire quelques lignes dès que possible, réorganiser votre emploi du temps, tenter de descendre à temps partiel, demander du télétravail, etc.

Il n'existe pas de stratégie parfaite, chacun choisit comment employer son temps. La seule chose dont vous aurez vraiment besoin, c'est de couper vos notifications sociales et demander à vos proches de respecter ce moment. Créez-vous vraiment une bulle que personne n'aura le droit de briser, peu importe le temps que vous y consacrez.

Et si vous hésitez à écrire le soir, sachez que la fatigue ne promet pas forcément de mauvais résultats. J'en ai fait l'expérience à une époque où je pensais que je ne travaillais pas bien le soir (puis pas bien le matin, ça me servait de prétexte pour repousser l'écriture). Et quand j'en ai eu marre de stagner, j'ai réessayé. J'ai alors pris conscience que j'écrivais parfois très bien le soir, malgré la fatigue de la journée. J'arrivais parfois à un très bon résultat quantitatif mais aussi raisonnablement qualitatif. Parfois, car il n'est pas bon d'insister quand la fatigue pèse. L'écriture ne devrait jamais passer avant le repos dont vous avez besoin. Ici, il s'agit surtout de vous rassurer sur le fait que ce n'est pas impossible, et ça vous aidera peut-être à mieux organiser vos créneaux d'écriture.

– Vous vous <u>sentez seul</u> : au stade du premier jet de votre histoire, vous pouvez tout à fait rejoindre des communautés d'auteurs en ligne et/ou participer à des challenges d'écriture comme le NaNoWriMo[2] ou les Nuits de l'écriture. L'objectif principal sera pour vous de profiter de l'émulation qui existe entre les auteurs, de façon à s'encourager mutuellement en suivant de près les efforts de chacun. Mais attention à ne pas aller trop vite ! Les objectifs élevés dès le début sont plus souvent source d'échec, et l'émulation des challenges pourrait vous mettre la pression. Ne laissez pas votre passion se transformer en corvée, ajuster vos objectifs si vous en ressentez le besoin. Ensuite, ne faites pas lire votre premier jet à autrui, ne relisez pas vos écrits tout de suite, ne publiez rien en public. Sauf si les internautes jouent bien le jeu de ne poster aucune critique et/ou que des modérateurs y veillent. Les chapitres suivants vous aideront à accepter les critiques *avant* de confier votre ouvrage aux regards extérieurs.

– Vous traînez parce que <u>vous ne vous sentez pas « légitime »</u> : mais au fait, qui devrait vous donner cette légitimité ? Même une star de cinéma ne devient pas « légitime » avant d'être montée sur scène. Et parfois même pas avant trois ou quatre films. Enfin... ne mélangeons pas légitimité et reconnaissance du public. La

---

[2] *National Novel Writing Month*, challenge consistant à écrire un roman de 50 000 mots en un mois.

légitimité se construit avec l'expérience, tandis que la reconnaissance vient ensuite, quand le public juge enfin cette expérience intéressante. Alors, comme tout jeune acteur qui participe à son premier tournage, il va vous falloir commencer quelque part. Posez donc la première pierre de votre légitimité... pardon, votre première phrase.

– Vous essayez, mais au fond <u>vous n'y croyez pas</u> : pourquoi ? Deux possibilités : la raison vient de votre projet, et dans ce cas vous pouvez la chercher afin de travailler dessus, ou... la raison vient de vous. Dans le premier cas, vous pouvez noter clairement ce qui vous gêne puis dresser une liste de solutions possibles, et en tester une ou plusieurs. Ou bien, vous pouvez remettre cette problématique à plus tard, car vous aurez aussi le temps de la gérer lors de la correction.

Mais si la raison vient de vous... répondez donc à ces questions :

Pourquoi souhaitez-vous écrire ? Qu'est-ce que ça vous apporte de positif ?

Pourquoi avez-vous tant de mal à y croire ?

L'idée, ici, c'est vraiment de trouver votre « Pourquoi ? », le pourquoi positif, puis celui négatif. N'hésitez pas à creuser en demandant aussi « Pourquoi ? » à chacune des réponses qui vous vient. Parfois, la *vraie* réponse se trouve sous un tas de justifications plus ou moins fumeuses. Ensuite, comparez vos deux pourquoi, et mettez-les dans la balance. Lequel est le plus important pour vous ? Lequel souhaitez-vous entretenir ? Lequel souhaitez-vous braver ?

Le manque de confiance en soi est une problématique très courante chez les artistes et les créateurs. Si vous en ressentez le besoin, n'hésitez pas à chercher sur Internet des communautés d'auteurs (groupes Facebook, forums...) où vous trouverez des personnes pour vous comprendre et vous soutenir. Consultez aussi les autres problématiques de cette liste, vous y trouverez des éléments de réponse complémentaires.

– Vous <u>doutez d'en être capable</u> : peut-être aussi craignez-vous de « vérifier que vous êtes nul ». Et ce serait tout à fait normal. D'ailleurs, de la pensée « mon travail est nul » à la croyance « je suis nul », il n'y a qu'un pas. Il y a même une confusion fréquente entre le *faire* et l'*être*, dans le sens où l'on se croit « incapable » (de *faire*) quand on manque seulement de confiance en soi (*être*). On les confond trop régulièrement au lieu de les distinguer, l'abstraction de soi est difficile. Pourtant, aucune erreur à elle seule ne saurait définir un être tout entier ! Et je trouve qu'on l'oublie trop souvent.

Heureusement, s'entraîner et apprendre permettent de devenir meilleur. En ce sens, plus vous travaillez, plus vous devenez capable. Spoiler : c'est ce que font tous les enfants et les étudiants en allant à l'école, mais aussi les adultes qui reprennent des études. Et plus vous avez le sentiment de devenir capable, plus vous alimentez votre confiance en vous. Il y a une logique froide au fait que plus vous y croirez, plus vous ferez des efforts pour y arriver ; tandis que moins vous y croirez, plus vous risquez d'abandonner ou de manquer d'assiduité, de persévérance, d'attention. L'état d'esprit et les croyances que vous adoptez pourront alors vous aider ou vous freiner. Les études du psychologue canadien Albert Bandura ont en effet démontré que le sentiment d'efficacité personnelle pouvait favoriser la motivation et la réussite (et on en revient au renforcement positif évoqué dans le premier chapitre). Mais c'est plus facile à dire qu'à faire, n'est-ce pas ?

Pour la mise en pratique, je vous propose de dresser une petite liste qui servira à contrer vos auto-malédictions. Non pas pour vous pousser à la productivité, mais juste pour vous rassurer ! Il s'agit de compléter la phrase « Je suis capable de... ». Chaque fois que vous réussissez à tordre le cou à l'une de vos croyances, complétez votre liste. Par exemple, dans la mienne, j'ai noté : « je suis capable d'écrire 1 000 mots de bonne qualité après 21 h », « je suis capable de me concentrer en moins de 10 minutes » et « je suis capable d'écrire une scène dont je serai fière à la relecture ». L'objectif, c'est vraiment de rabattre le caquet à cette petite voix qui voudrait parfois vous persuader que vous n'êtes pas capable de ceci ou de cela. Ne la laissez pas vous miner le moral, constituez-vous des preuves !

– <u>Vous avez peur</u> de commencer, d'échouer, de l'avis des autres, d'être nul, etc. : ces peurs sont naturelles et reviennent régulièrement chez les auteurs.

J'ai observé qu'elles se condensent généralement en deux grands groupes : la peur de se sentir nul (attaque de l'estime de soi par soi-même) et la peur du jugement (attaque de l'estime de soi par les autres). La première est surtout liée à une idée de capacité/incapacité personnelle : peur de ne pas réussir à terminer son manuscrit, ou qu'il soit trop difficile à écrire. Tandis que la deuxième est liée à la critique, mais aussi et surtout à l'anticipation (parfois inconsciente) du jugement des autres : peur de commencer, de terminer, d'être ignoré, d'être rejeté... Et les deux se retrouvent parfois liées, l'une entraînant l'autre, pour notre plus grand malheur.

Mais les peurs ne sont pas des vérités générales...

Si ça se trouve, ça va être nul. Et si je n'y arrive pas ? Comment je ferai, si personne ne lit mon roman ? Est-ce que je suis vraiment prêt ? Et si je me trompe ?

Mais comment pouvez-vous être sûr du résultat ? Comment pouvez-vous être sûr que votre histoire sera nulle ? Il n'existe aucune manière. Ce qui veut dire que *tout* est possible. Y compris le positif ! Et dans ce cas, votre travail peut encore faire pencher la balance !

Alors, de quoi avez-vous peur ?

Quelle serait la pire situation possible ?

De quelle façon cela vous affecterait ?

Et à l'inverse, quelle serait la meilleure situation possible ?

Que pourriez-vous mettre en œuvre pour y parvenir ?

Parmi les réponses à cette dernière question, on peut trouver : s'entraîner à devenir meilleur, travailler en douceur, prendre le temps de la réflexion, s'organiser davantage ou différemment, demander un coup de main, se renseigner, apprendre à s'en foutre ou à relativiser, sauvegarder son travail, changez ou corriger des éléments du manuscrit, s'encourager soi-même, lister le positif, lâcher-prise quand on en ressent le besoin, éviter les attentes trop hautes…

L'action est la meilleure ennemie de la peur. Parce que c'est ce qu'elle demande, notre petite voix du doute : qu'on résolve une situation menaçante. Et quand on y regarde de plus près, la peur et l'échec nous montrent finalement ce dont nous avons besoin, ce qui nous manque pour avancer. Pour vous, qu'est-ce que ce serait ?

(Néanmoins, pour vaincre les peurs en profondeur, l'aide d'un psychothérapeute peut aussi s'avérer intéressante !)

J'ai pris soin de développer ces nombreux blocages, car je sais qu'ils représentent une difficulté importante pour beaucoup d'auteurs. J'espère en tout cas que tout ce chapitre vous aidera à avancer de la manière la plus sereine possible. N'hésitez pas à prendre le temps d'écrire votre premier jet. Le processus est une source de motivation autant que le résultat ! (Même le travail sur cet ouvrage me l'a encore confirmé.)

Maintenant, si vous peinez tout de même à terminer votre manuscrit, je vous invite à consulter la partie *« Écrire autrement »* de la compétence n°4.

Sinon, si vous vous demandez quoi faire après la phase d'écriture, le chapitre suivant vous répondra !

Et après...

Raviver la flamme II : cibler la déprime pour s'en libérer

Grâce à l'encadré précédent, vous avez déjà une petite idée de ce qui vous motive et vous démotive dans l'écriture. Pour mieux comprendre ce qui vous bloque et donc agir dessus afin de vous en libérer, il peut être intéressant d'y réfléchir plus précisément, de vraiment faire le point avec soi-même. Parce que vous auriez sans doute envie de continuer à ignorer ce mal-être, de vous persuader que ce n'est pas si grave, mais plus vous le laisserez persister, plus il gagnera. Vous préféreriez probablement retrouver la légèreté de sentiments positifs, durant les années à venir ?

Pour faire le point, je vous propose de répondre à quelques questions. Celles-ci visent à trouver pour quelle raison vous êtes engoncé dans votre blocage et sur quoi vous pourriez agir. (Donc ici, on va creuser vos émotions au sujet de l'écriture. Si vous trouvez cela difficile, vous pouvez commencer par l'exercice suivant.)

✒ Sur une feuille, notez les questions suivantes afin d'y répondre tranquillement. Prenez votre temps et affinez vos réponses autant que possible.

– Êtes-vous bloqué uniquement sur un projet en cours ou de manière générale ?
– Comment vous sentiriez-vous à l'idée de commencer un nouveau projet ?
– Qu'est-ce qui vous gêne dans vos projets actuels ?
– Qu'est-ce que vous procrastinez le plus, dans votre travail d'auteur ?
– Quels sont les doutes et hésitations qui vous empêchent d'avancer ?
– De quelle émotion positive auriez-vous besoin pour vous sentir mieux ?
– Que pensez-vous qu'il vous manque pour vous sentir mieux ?

Avec ces questions, vous devriez déjà commencer à percevoir si votre blocage est ciblé sur un projet, une activité annexe à l'écriture, ou plus global.

Si vous avez répondu en majorité des « je ne sais pas », ce n'est pas grave, vous êtes simplement en proie à un blocage dont la source n'est pas déterminée. Dans tous les cas, gardez en tête que l'objectif n'est pas de vous flageller avec vos réponses, il s'agit juste de mieux cerner la situation !

Les blocages proviennent parfois du fait qu'on laisse trop souvent ou trop longtemps de côté ce que l'on aime. Nous allons commencer par vérifier ce qu'il en est de votre côté.

✒ L'idée va être de dresser un bilan de ce que vous aimez dans l'écriture et de hiérarchiser tout cela. Répondez donc d'abord à cette simple question :

– Qu'aimiez-vous, avant, dans vos projets passés et l'écriture en général ?

Il s'agit de lister clairement tout ce que vous aimiez écrire par le passé : thématiques, genres, types de personnages ou d'intrigues, ambiances, structures, décors, style, formats, etc. C'est comme une sorte de synthèse de tout ce que vous avez pris plaisir à écrire jusqu'à récemment. Ensuite, rangez cette liste et oubliez-la quelques jours.

Une fois que vous aurez pris du recul, prenez une seconde feuille et répondez à cette nouvelle question :

– Qu'aimez-vous dans vos projets actuels et votre façon d'écrire ?

Notez absolument tout ce que vous aimez ou aimeriez écrire aujourd'hui. Ne cherchez pas à vous remémorer la première liste. Prenez juste le temps dont vous avez besoin ; et ajoutez, si vous le souhaitez, une petite étoile de couleur face aux idées qui vous font vibrer plus que les autres.

Ensuite, ressortez la première liste, comparez les deux et surlignez les éléments qu'elles ont en commun. Ils vous feront probablement plaisir ! Puis observez les différences et songez à leur raison d'être. Certains éléments marquent-ils votre volonté d'évoluer ? Vous découvrirez peut-être que vous souhaitez essayer un nouveau genre, ou juste changer de thématiques. Ce petit exercice vous donnera au moins une vision plus claire de ce que vous voulez à présent.

Et si cela peut vous rassurer, vous n'avez pas besoin de faire votre deuil de la première liste, car si vous choisissez d'abandonner certaines idées, vous pourrez aussi les reprendre plus tard, c'est vous qui décidez ! L'important, c'est surtout de prendre en compte vos besoins actuels.

Et votre passion, elle en pense quoi ?

Faites-la donc parler, ouvrez la porte en grand et questionnez directement votre Muse, ou votre flamme !

✒ Sur une feuille, laissez cette partie de vous qui déprime exprimer librement *ce qu'elle pense de votre projet qui stagne, de votre situation actuelle, de vos peurs, de vos ennuis*. Laissez-la aussi vous dire *ce qu'elle pense de vos rêves et de vos espoirs*. Laissez-la donc s'exprimer, un peu comme si vous vous adressiez à votre enfant intérieur. Écoutez *ce qu'elle a à dire sur votre situation, sur vos deux listes*. Mais demandez lui aussi *comment elle se sent et ce qu'elle aimerait. Qu'est-ce qui lui manque pour être pleinement heureuse, aujourd'hui ? Que veut-elle arrêter, continuer, commencer de nouveau ? Qu'est-ce qu'elle vous demande quand elle vous tire la manche ?*

Parfois, pour se parler à soi-même, il est plus simple d'employer la personnification. Cela peut faciliter l'expression des émotions et le développement des idées. Vous pouvez donc poser ces questionnements sur papier, l'un après l'autre, et y réfléchir tranquillement. Comme si vous discutiez avec vous-même, ou avec une partie de vous.

Après ces trois exercices, n'hésitez pas à relire l'ensemble de vos réponses aux encadrés I et II, afin d'obtenir une vision d'ensemble et de mieux comprendre vos blocages ainsi que vos aspirations. Cela pourra vous aider à formuler une conclusion personnelle avant de reprendre tranquillement l'écriture.

Toutefois, si ces exercices n'ont répondu que

partiellement à votre problématique, vous trouverez d'autres éléments pour vous aider dans la suite des encadrés, ainsi que dans le reste de l'ouvrage, qui couvre de nombreuses sources de blocage et techniques de motivation.

Pour vous remettre à écrire sans prise de tête, après ces exercices, vous pouvez déjà laisser l'inspiration revenir en douceur. Notez quelques idées de-ci de-là, songez-y sans vous forcer, juste par plaisir. Et surtout, écrivez ce que vous aimez !

✒ *Recommencer par un projet récréatif* : peu importe la taille ou le format, écrivez vraiment ce qui vous fait plaisir, et dégagez le reste ! Un texte sans contrainte, que vous pourrez écrire comme on savoure un bonbon, tranquillement, au gré des idées. L'important, c'est surtout que vous retrouviez une émotion positive dans l'écriture ! Alors, écoutez ce que votre Muse ou votre inspiration vous souffle. Profitez-en pour tester de nouvelles idées ou techniques d'écriture si ça vous chante, ou même un genre différent, ou ce que vous voulez d'autre.

Ou bien reprenez le projet sur lequel vous bloquiez, mais en faisant parler votre cœur, focalisez-vous en priorité sur les éléments du projet qui vous motivent. Et surtout, recommencez doucement avec de tous petits objectifs successifs, sans vous surmener. Cela vous aidera à vous y remettre après votre longue pause.

Si vous êtes d'un naturel architecte, laissez tomber une partie de vos plans, retrouvez juste votre plaisir d'écrire. Recommencez doucement, jardinez sans prise de tête. (Oui, vous pourrez replanifier un peu plus tard.)

Si vous êtes d'un naturel jardinier et que vous souhaitez alléger votre travail post premier jet, ajoutez un léger travail de structure à votre méthode d'écriture habituelle. Vous pouvez réaliser quelques essais pour repérer vos besoins, et voir ce qui vous parle, ce qui vous aide, tester de nouvelles choses.

Par ailleurs, chaque auteur évoluant aussi (et surtout !) en tant qu'être humain, il est tout à fait normal que les habitudes, valeurs et thématiques abordées changent au fil des romans. Cela se ressent quand, parfois, on n'arrive plus à faire « comme avant ». Ou quand on a le sentiment de se forcer. Ou quand on s'est lancé dans une histoire insuffisamment alignée avec nos besoins d'aujourd'hui et que notre motivation (ou Muse) boude dans son coin. Donc parfois, abandonner un manuscrit qui nous assaille d'émotions désagréables, afin de passer à autre chose, reste la meilleure solution.

Et si, malgré ces quatre exercices et les renvois ci-dessous, vous peinez encore sur un manuscrit qui vous motive, passez à l'encadré suivant, il vous parlera d'un de ces besoins que vous avez peut-être trop tendance à oublier...

Renvois au chapitre :

– *Les premières idées*, pour repartir sans prise de tête en mode jardinier
– *Choisir des bases solides*, notamment les questions structurelles et l'intention d'auteur
– *Organisation*, pour intégrer un léger travail de structure à votre méthode d'écriture habituelle ou alléger votre travail post premier jet
– *Relire en cours d'écriture ?*, un effort à tester pour les auteurs qui bloquent trop souvent à cause de leur relecture en cours d'écriture
– *Allier productivité et sérénité*, en particulier *Agir sur vos démotivations*, si vous tentez d'ignorer votre raison depuis des années, et si ça peut vous débloquer au lieu de continuer à vous enfermer !
– *Comprendre et surmonter les blocages* (tout est dit !)

Compétence cachée n°2 :
Attendre pour comprendre

Attendre, lors d'un processus d'écriture, ça peut sembler très bête au premier abord. On imagine tout de suite que ça va être une perte de temps... alors qu'on pourrait continuer à travailler ! On a envie de poursuivre tant qu'on est lancé. On a peur de se mettre à procrastiner. On a aussi parfois envie de tout terminer vite pour se sentir efficace.

Mais en fait, non.

Attendre est une source d'apprentissage inestimable, dont on ne peut mesurer le gain qu'en essayant. Parce que « attendre », c'est surtout prendre du recul et travailler... d'une autre manière.

Quand le manque de recul rend aveugle

Lorsque vous aurez terminé votre premier jet, vous aurez peut-être envie de le relire directement pour le corriger afin qu'il soit vraiment parfait. Je vous invite à résister à cette vile tentation, car ce n'est pas encore le bon moment.

En effet, relire directement après l'écriture comporte plusieurs risques :

– Vous louperez beaucoup de ses défauts et incohérences : par exemple, vous ne verrez pas qu'une explication arrive trop tard, justement parce que vous avez encore l'histoire trop en tête, donc pour vous ça sera logique, il n'y aura pas de problème.

– Vous ne verrez pas les manques ni les potentialités : si vous avez énormément travaillé, il est très probable que vous trouviez que votre histoire est « bien comme ça », votre manque de recul vous laisse donc aveugle aux personnages qui auraient besoin d'épaisseur, aux intrigues qui manquent de piquant, à toutes ces choses qui pourraient rendre votre histoire encore meilleure !

– Vous n'aurez pas l'histoire que vous vouliez : étrangement, le manque de recul nous incite trop à la confiance. Et puis, en relisant, on se rend compte que « c'est pas tout à fait ce que je voulais dire ». En fait, on réussit rarement à formuler exactement ce à quoi l'on pense du premier coup. (J'en ai même encore fait l'expérience avec cet ouvrage !) Donc parfois, en relisant, vous ne serez pas d'accord avec vous-même, et c'est le contraire qui devrait vous inquiéter (au moins sur le premier jet).

Les relectures les plus efficaces sont précédées d'une prise de recul, et donc d'une pause. Cette technique permet d'oublier l'histoire, et ainsi d'en obtenir une nouvelle vision, d'ouvrir enfin les yeux sur ses défauts… mais aussi sur ses potentialités et ses qualités cachées ! Parce que tout ce qui manque peut être ajouté. Tous les défauts peuvent être corrigés.

D'ailleurs, je vais commencer à le dire ici, et je le répéterai autant de fois qu'il le faudra : votre histoire n'est et ne sera jamais nulle, elle n'est juste *pas terminée*, et elle ne demande qu'à être améliorée ! « Nul », c'est un jugement de valeur, que l'on reporte aussi trop souvent sur soi-même. Étoffer un personnage trop faible ou réécrire une description brouillonne, c'est déjà plus objectif, plus concret : on voit ce qui peut être corrigé et ce qui rendra l'histoire… encore meilleure !

Mais oui, les corrections, ça fait peur !

Et c'est NORMAL ! On met un peu « toute notre vie » dans un premier jet, surtout dans le premier des premiers jets. On peut le ressentir comme si on jouait sa vie, ou sa valeur personnelle, ou son honneur. On peut craindre d'avoir écrit une « sombre bouse », ou au contraire être persuadé d'avoir écrit un « chef d'œuvre » parce qu'imaginer le contraire serait trop douloureux. En sommes, le verre est souvent trop plein ou trop vide. Mais la réalité se situe généralement quelque part entre les deux. Parce que, je l'ai constaté en tant que bêta-lectrice puis éditrice : il est impossible de *tout* réussir, comme il est impossible de *tout* rater à la fois.

Si vous ne pouvez pas réussir d'un seul coup à maîtriser toutes les techniques d'écriture sans les connaître, vous n'êtes pas non plus ignorant. Si vous lisez ou regardez des films régulièrement, votre inconscient a déjà retenu certains trucs du métier, certaines méthodes que vous aurez reproduites sans même vous en rendre compte. Par ailleurs, chaque auteur a ses facilités. Si vous bavez d'extase en lisant les scènes d'action d'un roman, quand vous avez peiné à écrire les vôtres, ce n'est pas une fatalité.

Peut-être que vous trouverez les personnages de ce même roman creux, parce que les vôtres auront déjà davantage d'épaisseur. Personne ne peut tout maîtriser à la perfection, même après un apprentissage de tous les diables, et c'est rassurant de se le rappeler. Parce que tout le monde en est au même point ! Nous avons tous besoin d'apprendre, car nous avons à la fois tous des facilités et des difficultés.

Comment bien prendre une pause ?

Il suffit de laisser votre manuscrit de côté durant plusieurs semaines, au moins trois ou quatre mois pour une meilleure prise de recul, et en particulier pour un premier jet. Cela peut sembler long, mais en fait, vous travaillerez quand même durant cette période. D'une façon toute particulière :

– Vous gagnerez le recul nécessaire à une relecture efficace, et surtout, vous vous détacherez un peu émotionnellement de votre histoire. Cela vous aidera à corriger plus facilement, car vous serez ainsi plus ouvert à l'idée de pratiquer de grosses corrections, si vous en ressentez le besoin.

– Vous avez le loisir de choisir vos activités, pendant ce temps, alors faites-vous plaisir ! Vous pouvez vous reposer, commencer l'écriture d'une nouvelle histoire, essayer la peinture, ou n'importe quoi d'autre. L'important, c'est surtout de passer à *autre chose*. Si quelques idées de correction vous viennent prématurément, notez-les, mais essayez d'y penser le moins possible, de vous aérer un peu la tête.

– Si vous souhaitez être le plus efficace possible, en attendant, une seule solution : écrire une nouvelle histoire. Recommencez le processus de création depuis le début, puis terminez le premier jet de votre deuxième histoire. Alterner entre plusieurs projets est le meilleur moyen d'apprendre vite. Votre prise de recul sur le premier manuscrit n'en deviendra que plus efficace et intéressante. (on entre alors dans le cycle vertueux que vous verrez lors de la compétence n°4)

– Et un petit rappel qui peut vous éviter du mal : durant cette pause salutaire, n'envoyez jamais un premier jet à des regards extérieurs. Ni à votre frère libraire, ni à votre mère adorée, ni à un quelconque ami auteur, ni à personne. Vous n'êtes pas prêt ! (Et les prochains chapitres sont justement là pour vous aider à vous y préparer.)

C'était un petit chapitre, je vous l'accorde, mais qui traite d'un sujet qui me semble trop souvent sous-estimé. L'attente n'est donc jamais une fatalité, c'est un *outil* qui permet ensuite un meilleur travail de correction. Un *outil* passif qui entretiendra votre passion tout en vous apportant la « sagesse de l'écrivain », comme vous pourrez le voir dans le chapitre suivant...

Et après...

Raviver la flamme III : cesser le surmenage et la culpabilisation

Que faites-vous, habituellement, après le premier jet ?

Si vous n'avez jamais pris de pause entre votre premier jet et votre première relecture, il serait peut-être temps d'essayer ? Si vous l'avez déjà fait ou si vous le pratiquez régulièrement, une fois de plus ne ferait peut-être pas de mal non plus.

Exploiter son temps de repos permet souvent de se changer les idées, après la phase d'écriture. Mais au stade où vous en êtes, se lancer dans un nouveau projet ou dans une correction qui traîne n'est probablement pas la meilleure idée du siècle... Il y a un temps pour la productivité (quand les idées fusent) et un temps pour du *vrai* repos !

J'ai dans mon entourage des personnes qui ne supportent pas l'inactivité, qui ont besoin de toujours *en faire plus*, sûrement après avoir enduré quelques rengaines de la société sur le fait d'être *utile*. Mais un être humain n'est pas un objet. Vivre est déjà en soi un miracle, à l'échelle de notre Univers rempli de vide. Et vivre demande une énergie dont notre corps ne dispose pas en quantité illimitée. Vous voyez où je veux en venir ? Le repos est normal, c'est juste un besoin vital. Pour tous les êtres vivants !

Les humains, en particulier, ont aussi parfois besoin de repos mental, c'est-à-dire de se vider la tête des choses qui les tourmentent (la fameuse charge mentale). C'est le cas de toutes les personnes qui travaillent trop, ou qui pratiquent un travail intellectuel intense, et donc des auteurs.

Alors oui, vous savez déjà tout ça, mais n'auriez-vous pas trop tendance à l'oublier ? N'avez-vous pas tendance à repousser votre repos, à le négliger ou à l'exploiter d'une façon qui n'est pas idéale ?

Si vous avez répondu oui à l'une de ces questions, voici quelques petites techniques pour vous aider à faire évoluer tout ça. Trois trucs simples qui devraient vous rappeler que le repos peut aussi se conjuguer avec le verbe aimer…

✒ Dressez une liste des activités détente qui vous font habituellement (ou vous feraient) plaisir. Choisissez des activités courtes et longues, en solo, en famille et entre amis. Mettez-y de la douceur et de quoi bouger. Une belle liste d'activités variées !

Vous pouvez même les différencier en fonction du type de repos qu'elles vous procurent : physique, mental, divertissement, recueillement. Dans tous les cas, notez tout ce que vous aimez... et essayez de piocher dedans régulièrement ! Pratiquer une de ces activités par jour, ce n'est jamais du temps perdu, c'est pour vous, pour votre bien-être. Parce que vous avez le droit de vous sentir mieux !

💡 Mais... si la culpabilité vous tenaille, il faudra peut-être y travailler (avec un psychothérapeute, par exemple), car c'est une reine dans l'art de gâcher les moments de détente. En attendant, n'oubliez pas que tout part de *vous*. Il ne se passera donc rien de satisfaisant tant que vous ne serez pas suffisamment en forme, et donc reposé. Pour rappel amical à votre culpabilité, la vie ne s'écoule que dans un seul sens : repos > énergie > travail > épuisement. Toute substance qui viserait à court-circuiter ce schéma ne sera que temporaire. Parce que, si le corps pourra tenir un certain temps, toute la fatigue accumulée se répercutera invariablement sur le mental. Et en tant qu'auteur, vous n'avez pas envie de casser votre outil de travail ? Bref, reconstituer son énergie est aussi important que la dépenser. Dormez le temps dont vous avez besoin, trouvez des moments de calme et, d'une manière ou d'une autre, apprenez à accepter de prendre soin de vous. C'est vrai, pourquoi devriez-vous attendre que quelqu'un d'autre s'en charge ?

✒ Pour faire travailler votre inspiration sans effort, renouer avec vos premières amours littéraires et cinématographiques est une bonne idée. Affalez-vous sur des coussins, en mode cocooning, et profitez de ces œuvres que vous aimez, de vos chouchous, de toutes celles qui vous redonnent le sourire. Cela peut être un moyen simple de réveiller une Muse boudeuse ou une inspiration capricieuse, afin de la laisser revenir vous tirer par la manche et trépigner quelques jours avant de vous repencher sur votre manuscrit.

De manière générale, le plus important, c'est de prendre soin de votre premier outil de travail : vous-même. Prendre soin de son esprit autant que de son corps. Sans oublier d'écouter votre Muse, votre flamme, votre enfant intérieur, votre inspiration... quel que soit le nom que vous lui donnez.

Les prochains encadrés vous encourageront également à ajouter de la positivité et de l'équilibre dans votre travail autant que dans votre repos !

Renvois au chapitre :
– Chapitre entier à tester éventuellement si vous n'avez jamais expérimenté le sujet.

Compétence cachée n°3 :
Corriger avec humilité

Étrangement, ce petit chapitre est sûrement le plus important de tous !

En effet, sa compétence un peu particulière, beaucoup d'auteurs l'acquièrent inconsciemment au fil de leur travail, et surtout *malgré eux, dans la douleur*. Des habitudes nocives se développent sournoisement et nous rendent des auteurs rongés par la culpabilité, le perfectionnisme, la peur des critiques, la peur d'échouer (et tous leurs amis sympathiques). Vous ne souhaitez endurer aucun d'entre eux, n'est-ce pas ? Surtout qu'ils sont particulièrement coriaces à déloger, une fois ancrés à l'intérieur de vous... Heureusement, on peut les empêcher de sévir, ou au moins les freiner.

Résorber la peur que vous pouvez ressentir à l'idée de relire ou corriger votre roman pourra aussi vous éviter l'auto-sabotage. C'est-à-dire que vous corrigiez à peine votre premier jet parce que vous le trouvez « bien comme ça ». Et comme il y a fort à parier que vos lecteurs ne seront pas d'accord, si vous le publiez en l'état, vous tomberez des nues en recevant les premiers commentaires négatifs ou en notant leur absence (et ça vous énervera, et vous vous trouverez peut-être nul, ou vous rejetterez la faute sur les autres parce qu'avouer votre erreur serait trop douloureux).

Si vous voyez l'étape de la correction comme facultative ou insurmontable, je vous invite donc à laisser partir ce préjugé. Envisagée de manière positive, la correction peut devenir une mine d'or d'enseignements ! En commençant avec douceur, les premières corrections offrent également l'occasion d'apprendre à corriger sereinement. C'est pourquoi nous allons transformer la correction en un outil positif d'apprentissage, qui vous servira à : accepter la critique plus facilement, mieux analyser et exploiter les avis reçus, apprendre des techniques d'écriture par la pratique.

Transformer la correction en outil positif

Comme je l'ai mentionné dans le chapitre précédent : vous n'êtes pas encore prêt à recevoir des avis extérieurs. Ou plutôt, travailler seul en premier lieu peut vous y préparer. Commencez sans prise de tête, même sur la correction !

On apprend plusieurs choses essentielles, quand on commence par se relire seul :

– L'humilité : oui, vous en avez vraiment besoin, c'est LA compétence qui vous permet de gagner en sérénité et d'effectuer de meilleures corrections ! L'humilité est même davantage un état d'esprit qu'une compétence dure, c'est l'acceptation d'une *remise en question perpétuelle*. Non pas pour se dévaloriser, mais plutôt pour *chercher comment améliorer l'histoire*. Parce que réaliser un chef-d'œuvre du premier coup, c'est très rare, d'autant plus quand on débute dans une activité. Développer votre humilité vous aide donc à accepter que votre travail n'est pas parfait du premier coup, puis à vous mettre en condition *positive* pour l'améliorer. Elle agit dans l'ombre, en vous prodiguant des apprentissages inconscients, notamment dédramatiser l'échec et mieux gérer la critique. Ainsi, l'estime de soi s'en retrouve préservée et vous y gagnez une clarté d'esprit qui accentue vos capacités d'analyse. Bonus : vous éviterez aussi de prendre la grosse tête et deviendrez un auteur sympa !

– L'auto-critique : celle-ci s'affine grâce à l'humilité, et elle vous aidera à porter votre histoire encore plus haut, à la rendre encore meilleure ! En vous relisant seul, en premier lieu, vous apprenez à repérer vos propres erreurs, et donc à accepter que tout n'est pas parfait. C'est la mise en pratique de l'humilité, et c'est comme cela qu'elle se développe le mieux. Mais l'auto-critique n'est pas faite pour vous flageller ! L'important, c'est qu'elle vous permette de cibler à la fois vos faiblesses et vos forces, de vraiment créer un *équilibre* dans votre critique. Petit à petit, l'auto-critique vous aidera ainsi à gérer vos émotions vis-à-vis des corrections, à y trouver du positif. C'est pour cela qu'il vaut mieux commencer doucement. Une fois que vous aurez relu en entier deux ou trois fois le premier jet de votre première histoire, vous aurez compris comment ça marche. Vous serez enfin prêt à recevoir les critiques extérieures avec plus de sérénité et de réflexion. Cela vous facilitera vraiment le travail : moins d'appréhension, moins de découragement, moins de prise de tête !

– La persévérance : voici un aspect du travail qui peut vous apporter des merveilles de productivité... Mais attention, ici, il n'est pas question de contrainte. Jamais ! Une bonne persévérance n'amène ni des « je dois » ni des « il faut ». Elle est uniquement là pour soutenir votre passion ! L'idée, c'est donc de développer votre persévérance sur la durée. Il ne sert à rien de viser le sommet d'une montagne si on trébuche déjà sur la deuxième marche. Autant travailler marche par marche. Sans prise de tête !

D'abord, corriger une faute ou deux, changer un mot, puis réécrire une phrase, puis trois lignes, puis un paragraphe entier... Et comme on y arrive, on se dit que, réécrire une scène, ça va bien le faire ! Donc finalement, revoir cette moitié de chapitre, ça ne devrait pas être si compliqué non plus... Une fois ce travail terminé, on se rend compte qu'on a réécrit le chapitre entier, et que c'est bien mieux ! Alors, réécrire ces deux autres chapitres, là, pourquoi pas ! Malgré la charge de travail qui semble s'accroître, enchaîner les réussites et progresser permettent de renouveler la satisfaction qui nourrit notre motivation. Et c'est grâce à cet apprentissage qu'on devient prêt, ensuite, à réécrire des manuscrits entiers.

Pour réussir à terminer un roman, mais aussi à corriger efficacement, on a besoin d'apprendre progressivement cette persévérance. En relisant puis en corrigeant, petit à petit, on devient plus *endurant et productif*, on acquiert une habitude de travail, on apprend le courage de continuer à faire ce que l'on aime malgré les erreurs. En ce sens, l'auto-critique mène à la persévérance. Car quand on parvient par soi-même à corriger des incohérences, débloquer des idées, trouver de meilleures mises en scène... on peut légitimement se sentir fier ! Donc se faire confiance et accroître l'estime de soi, ça s'acquiert aussi en travaillant seul. On apprend ainsi une dernière chose : on est capable d'y arriver ! Mais attention, pensez aussi à prendre du repos, une persévérance excessive risque juste de vous faire basculer dans la contrainte. Si votre passion s'étiole ou que vous sentez l'épuisement vous envahir, ralentissez, soignez vos marches au lieu de les grimper trop vite.

Dans tous les cas, prenez votre temps ! Faites tranquillement vos premiers pas d'humilité, d'auto-critique et de persévérance. Y aller trop vite serait contre-productif et certainement peu efficace. Apprendre à corriger avec humilité, c'est avant tout développer un savoir-être. Une compétence humaine. Et personne n'aime se bousculer soi-même pour changer. Alors, commencer en douceur, c'est se donner le temps de développer un apprentissage positif qui restera ensuite gravé à vie ! C'est ce qui facilitera la suite de votre travail sans que vous le remarquiez. Vous y gagnerez vraiment vos meilleures forces, en tant qu'auteur !

Commencer à corriger en douceur

Alors, après toutes ces explications, comment on fait, concrètement ?

✒ Seul, donc. Après quelques semaines de pause, rouvrez votre document et relisez tranquillement. Prenez votre temps, mais aussi des notes si vous le souhaitez. Vous découvrez votre histoire avec un nouvel œil.

Vous pouvez doucement commencer à corriger ce qui vous gêne, par petites touches. Au début, vous ne verrez peut-être pas grand-chose, vous pointerez surtout des problèmes de style. C'est normal, percevoir les faiblesses autant que les forces d'une histoire demande de l'entraînement.

Alors, commencez simplement : corrigez les petites fautes, reformulez une phrase de temps en temps, ou même un paragraphe entier. Comme indiqué ci-dessus, entraînez votre persévérance progressivement. De manière générale, notez ou corrigez directement tout ce qui en a besoin : personnage pas assez développé, chapitre trop mou, action trop rapide, explication confuse, information à vérifier…

Si vous croisez un chapitre entier qui a besoin d'être réécrit, ou que plus rien ne vous plaît, ne vous arrêtez *pas* à l'impression que « c'est mauvais ». On ne peut rien corriger, avec une critique pareille ! D'autant plus que, suite à tous vos efforts fournis lors de l'écriture, vous aurez des difficultés à abandonner le projet, vous trouverez ça dévalorisant. (Dites bonjour au biais d'aversion à la perte[3], en passant !)

---

[3] Le biais d'aversion à la perte est le fait que l'on attache davantage d'importance à une perte qu'à un gain de la même valeur, selon les travaux des économistes et psychologues D. Kahneman, A. Tversky et R. Thaler.

Notez plutôt de manière factuelle les problématiques de vos scènes. Qu'est-ce qui leur manque ? Ou bien qu'ont-elles en trop ? Pourquoi ne fonctionnent-elles pas ? Essayez de creuser un peu pour trouver ce qui bloque. Donnez-vous du concret... et donc, de l'espoir ! Parce que, rappelez-vous : *votre histoire n'est pas nulle, elle n'est juste... pas terminée !*

Cela dit, il ne sert à rien de vouloir tout régler lors de cette première correction. Un manuscrit étant un assemblage complexe d'éléments (comme un puzzle), on a toujours besoin de corriger en plusieurs étapes, car chacune sert autant à améliorer l'histoire qu'à vérifier si les corrections précédentes passent bien. Faites juste de votre mieux.

Sans oublier le positif !

Voici deux techniques simples qui vous permettront de moins broyer du noir et de rééquilibrer votre auto-critique, comme évoqué plus haut :

💡 Félicitez-vous de tout ce que vous parvenez à améliorer ! Et les petites corrections comptent aussi, car c'est avec toutes celles-ci que vous construirez votre belle histoire.

✒ À la relecture, ne relevez pas juste les erreurs, listez tous les éléments qui vous rendent fier, car ce sont tous ces détails qui constitueront votre grande fierté. Pour votre bien-être, cela devrait même devenir une habitude ! N'hésitez pas à remplir un tableau à deux colonnes pour différencier les faiblesses et les forces de l'histoire.

En plus de consigner ces dernières, vous pouvez aussi noter toutes les nouvelles idées qui émergent : ajouter un trait de caractère à tel personnage, ajouter tel décor qui serait plus sympa, changer un combat pour le rendre plus intéressant...

Ce sont des *potentialités* ! Ces petites choses qui peuvent ressembler à des faiblesses sans en être vraiment... Les *potentialités*, ce sont des idées qui pourraient être développées pour améliorer l'histoire, pour rehausser des éléments déjà corrects en soi. Ce sont des idées qui fusent aussi vite qu'au premier jour, quand vous réfléchissiez avant d'écrire la première ligne de votre histoire. Des idées qui vous mettent en joie, quand vous trouvez soudain *comment faire mieux*. C'est aussi parfois une manière de transformer les faiblesses en forces, et donc d'entretenir votre passion. Pour garder une vision positive de votre travail !

Et si jamais... c'est vraiment horrible ?

Quand on débute, on prend toujours le risque de se retrouver face à un premier jet qu'il faudrait réécrire entièrement. Peut-être qu'un personnage a totalement disparu en cours de route, qu'un objet important s'est perdu dans le scénario, qu'une incohérence casse toute l'intrigue. Ça arrive, notamment avec les histoires complexes. Mais ça ne veut toujours pas dire que vous êtes

« nul » ou que votre travail est « mauvais ». Non, ça signifie juste que vous êtes débutant.

Si on vous demandait de confectionner un manteau alors que vous n'y connaissez rien en couture, y arriveriez-vous du premier coup ? Il y a de grandes chances que non. Malgré tout, vous aurez sûrement eu de bonnes idées, des éléments intéressants. Vous manquez juste de technique pour tout ordonner de la meilleure façon. Et c'est complètement NORMAL. Les parents qui réalisent des costumes pour leurs enfants doivent d'ailleurs le savoir : plus on s'entraîne, plus ça ressemble à quelque chose. Pareil chez les auteurs, on oublie souvent que le premier roman publié d'un auteur est rarement le premier roman *écrit*.

Alors, que faire quand les notes deviennent trop nombreuses, et que le travail de correction à venir semble titanesque ? Techniquement, vous avez deux choix :

– Mettre votre manuscrit de côté en attendant de vous sentir plus à l'aise pour le corriger. Durant ce temps, vous pouvez bien sûr travailler sur d'autres projets, d'autres histoires. Si vous ressentez un besoin d'entraînement ou de légèreté, pourquoi ne pas essayer le format nouvelle ou roman court ? Pour relâcher la pression et éviter de perdre trop d'estime de soi, laissez donc l'appréciation de votre premier jet à votre futur vous. Une fois que vous aurez écrit d'autres histoires dont vous serez davantage satisfait, ce premier jet bancal vous gênera beaucoup moins. Et vous ressentirez la fierté d'avoir réussi à surmonter cette épreuve !

– Si vous en avez la volonté et la patience, réécrivez ! Reprenez chaque chapitre un à un, organisez également vos notes de correction comme vous le souhaitez. Puis prenez le temps dont vous avez besoin sur chaque correction, car il va en falloir. C'est un travail long et minutieux, mais qui peut aboutir à une bien meilleure version. Si la passion s'émousse en plein milieu, vous pourrez bien sûr vous rabattre sur l'option précédente ou juste prendre une pause. Réécrire à ce stade peut s'avérer assez éprouvant, ce serait dommage de s'y épuiser. Ne le faites que si votre passion suit le mouvement.

Dans les deux cas, le sentiment d'échec n'est pas une fin en soi, il vous montre juste ce dont vous avez besoin ou ce qui vous manque à un moment donné. Servez-vous-en pour rebondir ! Car l'échec n'est que temporaire et/ou ne concerne qu'un projet parmi d'autres : *tous* les auteurs ont de vieux manuscrits jamais publiés dans leurs tiroirs, ainsi que des romans publiés qui marchent moins que d'autres. C'est normal.

Alors, notez tout ce que vous avez aimé dans votre travail, tout ce qui a fait pulser votre passion. Tout ça était bien réel. Notez aussi ce que vous avez appris de cette première expérience, il y a toujours quelque chose qui vous servira par la suite (comme vous le verrez lors de la compétence n°8). Car si vous souhaitez écrire de meilleures histoires, c'est possible ! Les chapitres suivants sont là pour vous y aider, pour adopter une méthodologie efficace et reconquérir votre sentiment de fierté ! Après tout, les rêves n'ont pas de date d'expiration…

La compétence de ce chapitre est très particulière, vous en conviendrez. De loin, ça pourrait ressembler à une leçon de morale mais, à mon sens, il s'agit plutôt d'un état d'esprit. Elle fait partie des savoir-être invisibles qui nous facilitent grandement la vie, et qui améliorent également notre savoir-faire. C'est vraiment une pierre angulaire du travail d'auteur, qui peut s'acquérir tôt afin de gagner en qualité et en efficacité. C'est la base d'un travail sain... et passionnant !

Maintenant, si vous peinez à terminer votre roman ou si vous désirez développer votre méthode de travail, je vous invite à découvrir le chapitre suivant.

Si vous souhaitez plutôt améliorer votre histoire, la faire lire à d'autres personnes et/ou vous engager sur le chemin de la publication, les compétences n°5 à 8 vous aideront !

(Mais vous pouvez aussi choisir de vous arrêter là, si vous préférez garder votre manuscrit juste pour vous. D'ailleurs, bravo, vous avez écrit votre roman !)

Et après...

Raviver la flamme IV : se réhabituer à positiver

Le problème, avec l'humilité, c'est qu'elle est difficile à rattraper si on ne l'a pas suffisamment pratiquée dès le début. Son absence entraîne des mauvaises habitudes que vous connaissez sûrement. Vous savez, toutes ces paroles désobligeantes que vous vous adressez, toutes ces émotions négatives qui vous tourmentent jour après jour : culpabilisation, perfectionnisme, peur du jugement et de se sentir nul, découragements réguliers...

Tandis que, en étant appliquée assez tôt, l'humilité comprend une part d'enseignement positif. En plus d'éviter aux jeunes auteurs de prendre la grosse tête, c'est elle qui est censée les aider à absorber de nombreux apprentissages inconscients, comme relativiser l'échec, mieux accepter la critique, préserver l'estime de soi durant les corrections.

Rattraper cette compétence invisible après plusieurs romans demande donc un effort personnel important. En effet, apprendre à se détacher des mauvaises habitudes est souvent plus facile à dire qu'à faire...

Mais déjà, si vous prenez conscience de tous ces éléments négatifs développés inconsciemment au fil du temps, vous saurez sur quoi agir. C'est un premier pas ! Pour la suite, voici trois exercices qui vous entraîneront à intégrer un peu de positivité dans le processus :

💡 *Et si vous relâchiez la pression ?*

Après plusieurs romans, il vaut mieux se détendre sur les corrections. C'est vrai, quoi, l'imperfection est-elle si gravissime ? Ça fait parfois du bien de se souvenir que les lecteurs passent vite dessus. Ils zappent les détails, les petits défauts, les imprécisions, les flous. Tant que l'intrigue est cohérente, que les personnages sont intéressants, que le style est correct… le lecteur peut vous pardonner les petites faiblesses.

Ce n'est pas une raison pour les ignorer ou bâcler les corrections, bien évidemment. Mais c'est une raison suffisante pour relâcher un peu la pression ! Après avoir écrit plusieurs manuscrits, on se fait davantage confiance qu'au début, on sait que l'on fait moins d'erreurs. Ou alors, on sait quelles faiblesses travailler.

On sait. Mais aussi, parfois, on oublie, et on se prend la tête sur des détails. Néanmoins…

Est-ce que tel défaut a un impact sur l'intrigue ou

la cohérence ? Est-ce que ce petit ventre mou peut être corrigé sans déséquilibrer la structure ? Est-ce que ce personnage a vraiment besoin d'une qualité en plus ?

Si besoin, établissez une hiérarchie dans votre plan de correction. Qu'est-ce qui est le plus important ? Qu'est-ce qui relève du détail ? Parfois, il vaut mieux choisir d'assumer quelques petites faiblesses pour mieux travailler les aspects qui nous tiennent à cœur. Parce que chaque lecteur le sait : tout ne peut pas être parfait, et finalement, ce n'est pas grave.

✒ Si vous ruminez trop souvent de manière négative, notez le positif. Au sens propre. Lors de votre prochaine relecture, au lieu de seulement vous appesantir sur les faiblesses du texte, faites-vous un tableau à deux colonnes et notez en plus ce que vous trouvez bien ou réussi. Vous n'avez pas besoin de sélectionner les forces les plus marquantes, tout ce qui est équilibré et qui se lit facilement est à prendre en compte. L'objectif est surtout de vous montrer qu'il y a toujours des éléments dans la colonne positive. *Toujours*. Chaque roman est un puzzle complexe tel qu'il est impossible de tout rater, comme il est impossible de tout réussir.

Si votre confiance en vous a pris un coup dans

l'aile, vous pouvez aussi ressortir tous les avis de lecture reçus sur vos histoires, sélectionnez les citations les plus élogieuses, imprimez-les en gros et affichez-les au-dessus de votre bureau. Vous pourrez les relire souvent. Ce sera une bonne manière de court-circuiter la petite voix qui grogne de mauvaises choses à vos oreilles. Parce que si vous avez déjà fait toutes ces merveilles, vous pouvez les refaire, vous en êtes capable !

Quels ont été les moments difficiles de votre parcours d'auteur qui vous ont appris quelque chose de positif ?

Parce que, c'est bien beau de ressasser le négatif, mais parfois il ne l'est pas entièrement non plus. Souvent, même, il peut nous prodiguer des enseignements, des erreurs à ne pas reproduire, une meilleure compréhension sur un sujet particulier, une expérience de vie utile... Alors, prenez le temps de répondre à cette question si elle ne vous gêne pas trop. Les souvenirs qui vont remonter ne seront probablement pas très agréables ; néanmoins, vos réponses, elles, peuvent se révéler intéressantes et vous remotiver, vous rappeler qu'on réussit à braver certaines épreuves de la vie, et heureusement !

La partie supérieure de ce chapitre pourra également vous aider si vous avez encore du mal à gérer émotionnellement les phases de correction, les critiques et les bêta-lectures.

Si ce n'est pas déjà fait, vous pouvez aussi vous plonger dans les sections *« Allier productivité et sérénité »* de la compétence n°1 et *« Entretenir sa motivation durant les corrections »* de la compétence n°5, toutes deux spécialisées dans les techniques remonte-moral.

Cela dit, si vous ressentez le besoin d'un peu plus de chambardement dans votre organisation, l'encadré suivant vous proposera de faire évoluer votre méthode de travail.

Renvois au chapitre :
– Chapitre à lire en entier, éventuellement.

Compétence cachée n°4 :
Organiser un cycle vertueux

En écrivant votre roman, vous avez traversé plusieurs phases de travail. Mais... vous ont-elles convenu ? Pas forcément. Que vous peiniez à terminer votre manuscrit ou que vous l'ayez déjà corrigé, vous vous demandez peut-être quoi faire, maintenant ?

Bonne nouvelle : vous êtes prêt pour la mise en place d'un cycle vertueux qui vous mènera au plus près de la perfection. Parce que si elle n'existe pas, vous pouvez toujours essayer de vous en rapprocher ! Mais sans troquer votre passion contre un perfectionnisme oppressant, non.

Ce chapitre concerne les auteurs qui souhaitent ajuster leur méthode de travail ou en trouver une nouvelle, mais aussi ceux déterminés à écrire plusieurs romans. Car le cycle (ou cercle) vertueux vise à vous faire travailler efficacement afin d'avancer... toujours avec passion !

Dans ce chapitre, vous découvrirez donc d'abord une routine d'écriture simple et pertinente pour s'organiser sans prise de tête. En second lieu, vous trouverez quelques idées pour travailler *autrement*, et notamment façonner ou personnaliser votre propre méthode d'écriture. Prenez ce dont vous avez besoin, puis passez à la suite !

Le cycle vertueux :
aller plus vite et plus loin

✎ Tout simplement, il s'agit de reproduire les étapes que vous venez de lire jusqu'à présent :

> Étape 1 : réfléchir au projet, organiser ses idées
> Étape 2 : écrire le premier jet
> Étape 3 : laisser reposer pour prendre du recul
> Étape 4 : relire et corriger
> Recommencer.

Mais pas seulement… Car pour aller « plus vite et plus loin », vous aurez besoin de *recommencer* plus souvent. La base du cycle, c'est de sortir du système où l'on se contente d'écrire des romans l'un après l'autre. Concrètement, on va plutôt travailler deux projets en parallèle :

Projet 1	**Projet 2**
Étape 1 : réflexion	
Étape 2 : écriture	Étape 1 : réflexion
Étape 3 : <u>repos</u>	Étape 2 : écriture
Étape 4 : correction	Étape 3 : <u>repos</u>
	Étape 4 : correction

L'intérêt, comme vous le voyez, c'est vraiment de profiter du repos d'un texte pour en écrire ou en corriger un autre. En alternant les projets de cette façon, l'apprentissage devient plus efficace et donc plus rapide.

À chaque relecture, vous remarquerez davantage de faiblesses à corriger et de potentialités à développer. À tel point que vous constaterez une nette différence de qualité entre vos premiers jets, au fil du temps. Pour vérifier cela, il vous suffira de relire le premier jet de votre tout premier roman. La différence avec vos textes récents vous sautera aux yeux.

Quand on y réfléchit bien, la répétition, c'est le principe même de l'apprentissage. Répéter jusqu'à devenir bon, très bon, voire excellent. En outre, travailler sur plusieurs projets en même temps permet d'entretenir la motivation : quand on bloque sur un manuscrit, c'est rassurant de savoir que l'on peut avancer sur un autre, ça atténue la baisse d'estime de soi induite par le blocage.

Le meilleur moyen de progresser, c'est donc de ne jamais arrêter. Au sens large, car parfois vous aurez besoin de prendre des vacances entre deux étapes, et c'est tout à fait normal !

Réfléchir autrement

Jusque-là, vous avez reçu la méthodologie la plus simple et la moins prise de tête que je pouvais vous conseiller. Maintenant, voici quelques variantes pour vous aider à construire votre propre méthode de travail.

Nous commençons donc par la base : gérer vos idées !

✒ Dès votre deuxième roman, il ne faut pas hésiter à adapter votre processus de réflexion à vos besoins. Lorsque vous avez suivi la démarche de recherche des idées indiquée au second chapitre : Qu'est-ce qui vous a manqué ? Qu'est-ce qui vous a gêné ? Qu'est-ce qui ne vous correspondait pas ?

Sentez-vous libre d'essayer de nouvelles méthodes, afin de trouver une façon de faire qui vous parle vraiment. Attention, cependant, vos *éléments structuraux* définis lors de la compétence n°1 (partie « *Choisir des bases solides* ») constituent l'essentiel d'une histoire qui tient la route. Si vous retirez du matériau à ce niveau, vous risquez d'obtenir un résultat bancal (personnage creux, histoire confuse, etc.).

Par contre, vous pouvez choisir de commencer par écrire quelques scènes ou chapitres, puis revenir organiser vos idées plus tard. Sachez juste que moins vous préparerez votre roman en amont du premier jet, plus vous aurez de correction, voire de réécriture, derrière. C'est un choix à faire en fonction de vos préférences, et surtout de là où vous porte votre passion. Les meilleures techniques de travail seront celles qui vous permettront d'entretenir votre motivation !

🖋 Si vous ressentez un fort besoin de préparation, ne vous bridez pas : façonnez votre structure, étoffez vos fiches personnages, réfléchissez aux péripéties, rêvez à votre univers… Vous pouvez aller jusqu'à vous concocter un synopsis de travail ou un scène-à-scène détaillé, si cela vous aide. Certains architectes complètement fous (comme moi) ont besoin de plusieurs dizaines de pages de préparation avant d'écrire la moindre ligne de l'histoire. Mais une telle organisation se construit sur la durée, les besoins de chacun émergent avec le temps. Ne vous forcez donc pas, au début, suivez vraiment la conception qui vous parle, celle qui nourrit au mieux votre passion.

🖋 Parfois, réflexion rime aussi avec « recherches documentaires », en particulier si vous écrivez un roman historique, si vous créez un personnage avec une compétence pointue ou que vous abordez un sujet complexe (science, religion, géopolitique…). Que vous soyez adepte ou non de la préparation de roman, vous devrez alors prendre du temps pour ces recherches. Parce que, non, le médecin de votre histoire ne pourra pas suturer facilement une plaie béante à la gorge, et c'est le genre de scène qui sort brutalement le lecteur de l'histoire. Autrement dit, il n'y croira pas.

Écrire autrement

Si vous avez ressenti des problématiques particulières lors de votre premier jet précédent, vous pouvez essayer de les éviter sur les prochains manuscrits. De la même manière que pour vos idées, si votre passion vous incite à écrire d'une façon, suivez-la. Et surtout, faites-la évoluer chaque fois que vous le souhaitez, sans vous enfermer. Au fur et à mesure, vous trouverez la méthodologie qui vous convient. Jardinier ou architecte, scriptural ou structural, ou bien quelque part entre les deux.

Dans tous les cas, attention à ne pas transformer votre passion en corvée ! Ce serait bien triste... Le perfectionnisme et l'acharnement sont les ennemis naturels de la passion. Après l'adrénaline du début, l'épuisement peut vite survenir. Ne vous façonnez pas une bonne raison de vous dévaloriser, évitez les objectifs abracadabrants et la relecture durant l'écriture. Travaillez plutôt avec mesure, jusqu'à trouver celle qui vous convient sans vous épuiser. L'idée, c'est vraiment de construire une routine positive, de cibler des objectifs sans s'oublier soi-même. Sans oublier de bichonner sa passion ! Voici donc quelques méthodes qui se complètent, pour mieux entretenir votre motivation sur le long terme, et ainsi aboutir au renforcement positif évoqué dans le premier chapitre :

Adapter son environnement : quand vous bloquez, une solution simple peut être de modifier quelque chose dans votre environnement de travail. Vous pouvez essayer de changer de lieu, de chaise, mettre de la musique, ajuster la luminosité, ou même ajouter une plante sur votre bureau. Car changer une petite habitude de vie peut parfois instaurer une nouvelle dynamique personnelle et ainsi débloquer la créativité. En acceptant de faire un premier changement, on devient plus ouvert aux suivants, et on sort donc plus facilement de la stagnation. Et si vous réussissez à trouver une décoration ou un environnement de travail qui vous plaît ou qui vous apaise, ça vous motivera d'autant plus !

Se créer une routine : parfois, un simple rituel de « mise en condition » aide à éveiller notre motivation, car la routine est une façon de prévenir notre cerveau que « allez, c'est l'heure de s'y mettre », son côté familier rassure et prépare à l'action. Une routine simple peut être, par exemple, de lancer une musique dédiée à l'écriture de votre projet, boire une boisson, promener votre chien quelques minutes avant la session d'écriture, faire un quart d'heure de sport ou de méditation. Voire tout ça à la suite, si vous avez le temps ! L'objectif est surtout que votre cerveau assimile cette routine à une préparation, qu'il la trouve rassurante, et que vous soyez ainsi prêt et détendu pour votre séance d'écriture.

💡 *Changer les règles du jeu :* souvenez-vous que *vous* décidez des règles du jeu. En vous donnant l'objectif d'écrire dix pages, vous avez deux chances d'échouer : si vous écrivez moins et si vous n'arrivez pas à commencer. Ce qui nourrit votre sentiment d'échec et votre dévalorisation personnelle ! Alors que si vous changez les règles (*vos* règles) en décidant que « ne pas réussir à écrire, ça arrive et ce n'est pas si grave », vous obtenez deux chances de réussir : vous écrivez plus de dix pages et ça vous rend super heureux, ou vous écrivez moins mais vous êtes content d'avoir avancé. De ce point de vue, vous serez satisfait plus souvent. Les règles du jeu ne sont pas faites pour restreindre les objectifs, mais pour atténuer le sentiment de culpabilité des jours *sans*, et pour amoindrir la pression que l'on se met à soi-même. Au début, ça peut donner l'impression de stagner ou d'un manque d'ambition ; cependant, à long terme, cette méthode crée un sentiment positif régulier qui entraîne une meilleure productivité. C'est comme comparer deux escaliers qui mènent au même endroit, l'un pourvu de grandes marches et l'autre de petites marches ; en sachant qu'à la fin, le jugement des lecteurs se focalise uniquement sur votre roman posé sur la dernière marche. Ainsi, vous n'êtes pas obligé d'inclure la souffrance de grandes marches difficiles à gravir dans votre travail. L'escalier aux petites marches sera plus facile à vivre au quotidien. Les petits objectifs sont plus simples à réussir et entraînent une satisfaction régulière, une émotion positive sans cesse renouvelée. Et c'est en chérissant cette motivation de court terme qu'on entretient son effet sur le long terme. Chaque objectif atteint est un rebond qui nourrit votre fierté personnelle et votre sentiment d'accomplissement.

💡 *La vraie régularité* : parmi les conseils d'écriture, la régularité revient souvent. C'est une bonne chose pour avancer, mais pareil, il y a des limites à fixer à votre régularité. Si elle vous épuise, si elle vous fait culpabiliser, si elle entretient en vous la moindre émotion négative... changez-en ! Parfois, il vaut mieux travailler quinze minutes chaque jour pendant deux ans plutôt qu'entasser dix heures quotidiennes en trois mois. Pratiquer des sprints de temps en temps peut être une source de motivation et de plaisir, mais il vaudrait mieux veiller à ne pas en faire un rythme de vie. Préférez l'habitude à la discipline. Dans tous les cas, la meilleure régularité, ce sera la vôtre, même si elle vous semble finalement irrégulière. La meilleure régularité comprendra des pauses, des moments de « pas envie », des jours où vous n'êtes pas en forme, des manques d'inspiration... Mais aussi de la cogitation intense sur votre histoire, des échanges entre auteurs, vos réflexions philosophiques sur la vie. Tout cela alimente votre motivation générale. Plutôt que de culpabiliser, intégrez-les à votre régularité, revalorisez leur importance ! C'est ça, la *vraie* régularité. Ce n'est pas juste écrire, c'est aussi tout ce qu'il y a autour.

💡 *Faire ce que l'on aime* : entraînez-vous à être heureux d'avoir écrit, peu importe combien de mots et si c'est plus ou moins qu'hier. On peut être heureux d'avoir avancé sur le projet qui nous tient à cœur sans forcément se sentir entièrement satisfait du résultat. On peut différencier le fait de travailler sur ce que l'on aime du résultat obtenu. J'ai l'impression qu'on l'oublie souvent, pourtant, je trouve cela important. Parce que, le résultat, vous pourrez le changer durant les corrections de votre roman. Par contre, vous aurez toujours le souvenir de votre écriture dans la douleur, et ça ne vous motivera pas forcément à continuer. D'où l'intérêt de préserver votre passion avant tout, celle que vous ressentez et qui vous pousse chaque jour vers l'avant. En étant juste heureux d'avoir fait ce que vous aimez, peu importe le résultat. C'est ce qui vous poussera à continuer, à avancer ! Et *ensuite*, lors des corrections, vous transformerez le résultat pour l'aimer à son tour.

✒ *Des objectifs réfléchis* : si vous souhaitez vous fixer des objectifs d'écriture, le mieux est qu'ils soient formulés positivement, personnels (et donc passionnants), concrets, mesurables… et raisonnables ! Il n'y a rien de plus décourageant que de se fixer des objectifs trop élevés et ne jamais les atteindre (croyez-moi, c'est du vécu !). À la longue, cela peut devenir frustrant ou épuisant. Surtout quand ça amène à grignoter les temps de repos au prétexte qu'on n'a pas écrit assez aujourd'hui, ou hier, ou cette semaine… Y compris quand on manque de temps et qu'on s'en sert comme excuse. Attention à ne pas sournoisement remplacer votre passion par de la culpabilisation, ou par un sentiment de corvée à accomplir. Si vous en arrivez à vous sentir dépassé ou épuisé par vos objectifs, c'est qu'ils ne sont pas adaptés au temps et à l'énergie dont vous disposez chaque jour. Alors prenez garde, on sous-estime souvent le temps que prendra un premier jet ou une correction. Pensez à prévoir de grosses marges pour les imprévus et les jours *sans*, fixez également des échéances réalistes, cela vous évitera une source de stress supplémentaire.

Pour vous aider à fixer vos objectifs, vous pouvez noter la durée de vos séances d'écriture les plus efficaces, ou le nombre de mots que vous écrivez en une heure. Grâce à plusieurs relevés, vous pourrez ainsi établir une moyenne et connaître vos limites, afin d'adapter vos objectifs en fonction et de vous mitonner des petits défis à *votre* hauteur. Défis que vous pourrez ensuite essayer d'élever progressivement, si le cœur vous en dit. Parce que c'est challengeant !

Pour survivre sans déprimer à un gros objectif, vous pouvez aussi le diviser en paliers ou en sous-objectifs. Il peut s'agir de tâches intermédiaires, ou de moindre envergure, à accomplir pour arriver jusqu'à l'objectif final. Exemple simple : quand vous découpez un roman en chapitres, ou un chapitre en plusieurs scènes, ce sont des paliers à atteindre progressivement pour terminer votre roman. On en revient aux « petites marches » évoquées plus haut. Ainsi, vous aurez le sentiment d'avancer en effectuant chaque tâche l'une après l'autre.

Mais surtout, rappelez-vous que vos objectifs doivent eux aussi alimenter votre motivation, pas à la miner. Pour qu'ils soient efficaces, formulez-les de manière positive et concrète !

Corriger autrement

En premier lieu, certaines techniques de la partie précédente « *Écrire autrement* » peuvent aussi vous aider et vous débloquer lors de vos corrections. N'hésitez pas à en tester plusieurs, pour voir si l'une d'entre elles vous conviendrait.

Maintenant, voici une technique qui vous sera utile lorsque vous aurez déjà pratiqué la correction par vous-même sur un ou plusieurs manuscrits. L'employer trop tôt risquerait de vous mener dans la partie « *Et si jamais... c'est vraiment horrible ?* » de la compétence n°3. Vous vous retrouveriez débordé, un peu comme si vous commenciez un nouveau jeu vidéo en *mode difficile*, et ce n'est pas bon pour votre motivation !

Il vaut mieux s'habituer aux corrections crescendo (la persévérance, vous vous souvenez ?). Ainsi, n'essayez la méthode ci-dessous que lorsque vous aurez acquis les bases du chapitre précédent.

✒ L'idée, c'est de ne pas corriger tout de suite. Relisez d'abord entièrement le manuscrit en prenant des notes. Mais ne corrigez rien à ce stade ! La relecture entière va vous permettre d'obtenir une vision globale de l'histoire, et de comprendre par exemple que la fin est gâchée par un élément du début, ou inversement. C'est aussi une méthode qui permet de vérifier l'évolution de vos personnages, la bonne utilisation d'un symbole ou d'une thématique sur la longueur, et la cohérence de l'ensemble.

Au niveau des potentialités, vous pourrez, par exemple, repérer qu'il manque un élément au début pour rendre votre fin plus percutante. Parfois, ce sera juste un détail marquant, mais cela peut aussi être un personnage à ajouter. Obtenir une vision globale vous aidera à visualiser l'intrigue comme « un tout » et donc à l'améliorer encore plus efficacement. Entraînez-y vous, si besoin, on utilise plus souvent cette vision quand on critique un film ou un livre qu'on vient de terminer.

Côté pratique, vous pouvez éventuellement vous dresser un synopsis de travail, c'est-à-dire écrire un résumé d'une dizaine de lignes par chapitre, puis tous les relire à la suite. Cette technique vous aidera à mieux évaluer l'enchaînement des actions et certaines faiblesses. Par exemple, vous distinguerez les chapitres davantage portés sur l'action de ceux axés sur le dialogue, ou bien vous remarquerez qu'un personnage disparaît durant trois chapitres. Ce synopsis permet également de vérifier le rythme sur tout le long du manuscrit, pour mieux localiser les baisses de tension. (Astuce personnelle bonus, je note mes résumés de 1 à 4 : petites actions, tension du quotidien, danger moyen ou bref, danger grave ou long)

Ensuite, seulement, vous pouvez relire vos notes afin de réfléchir aux corrections possibles. À ce stade, n'hésitez pas à hiérarchiser vos besoins de correction pour y voir plus clair : des plus importantes vers les mineures, ou bien par thématique (personnages, action, dialogues, forme...).

Je vous recommande de dresser une liste (Exemple 1), éventuellement découpée par chapitre (Exemple 2) :

Exemple 1

– mieux présenter l'objectif du personnage : il veut devenir le meilleur élève du lycée afin de gagner un prix, et non être juste meilleur que les autres (chapitre 1)

– réécrire les scènes de combat pour mieux utiliser le décor et ajouter des retournements de situation (chapitres 2)

– retirer les lunettes du professeur Jaunet : à la fin, il est blessé, et ça permettrait une plaie plus importante à l'œil pour qu'il risque de mourir (= suspens et danger ++) (chapitres 2 et 3)

Exemple 2

Chapitre 1 :

– mieux présenter l'objectif du personnage : il veut devenir le meilleur élève du lycée afin de gagner un prix, et non être juste meilleur que les autres

Chapitre 2 :

– réécrire les scènes de combat pour mieux utiliser le décor et ajouter des retournements de situation

– retirer les lunettes du professeur Jaunet : à la fin, il est blessé, et ça permettrait une plaie plus importante à l'œil pour qu'il risque de mourir (= suspens et danger ++)

Chapitre 3 :

– retirer les lunettes du professeur Jaunet : à la fin, il est blessé, et ça permettrait une plaie plus importante à l'œil pour qu'il risque de mourir (= suspens et danger ++)

D'autres méthodes sont aussi possibles, l'intérêt est surtout de tester et trouver celle qui sera la plus claire et efficace pour vous. Et une fois votre liste dressée, vous n'aurez plus qu'à attaquer les corrections. Enfin, plus qu'à… Bien évidemment, la correction amène également son lot de nouvelles idées, et votre plan ne doit jamais être figé.

Si vous souhaitez soudain ajouter un personnage et que ça bouleverse la moitié de votre plan de correction, n'hésitez surtout pas. Si l'idée est pertinente, vraiment utile et intéressante, si elle améliore votre histoire, ça en vaut toujours la peine ! Ne sous-estimez jamais votre esprit fertile, il peut vous lancer des idées-miracles n'importe quand !

Cela dit, même avec cette méthode, on tombe parfois sur un os. Sur une scène qui ne nous plaît pas, sans qu'on sache vraiment *pourquoi*. On a beau la relire, impossible de déterminer ce qui gêne ou ce qui manque. Et parfois, c'est l'impression qui ressort d'un manuscrit entier. On l'a tellement relu et corrigé qu'on en arrive à des doutes perpétuels, à ne plus savoir si telle correction est une bonne ou une mauvaise idée…

C'est à ce moment-là que l'on commence à avoir besoin d'avis extérieurs ou d'étudier les techniques d'écriture. En effet, si vous bloquez sur une scène sans comprendre pourquoi, c'est soit parce que vous n'avez pas encore appris à repérer le type de faiblesse dont il est question, soit parce que vous avez trop le nez dans l'histoire et vous la connaissez trop bien. Faites-vous confiance, néanmoins, si vous estimez qu'une scène n'est pas satisfaisante, vous avez probablement raison. Reste à trouver ce qui coince !

Attendre autrement

Voici donc venu le moment où l'attente devient rentable et efficace ! Maintenant que vous savez prendre du recul sur vos productions, il est temps de passer au niveau supérieur. Du moins, vous pourrez appliquer les chapitres suivants lorsque vous vous sentirez prêt, lorsque l'écriture, l'attente et la correction dans la solitude ne vous suffiront plus. Ou bien quand vous vous sentirez dépassé par une correction difficile ou que vous peinerez à avancer seul.

Deux solutions s'offrent alors à vous, et peuvent être utilisées en parallèle :

– *Apprendre en autodidacte* : en fait, il y a toujours un moment, quelque part dans le cycle, où vous commencerez à potasser des articles de techniques d'écriture et des ouvrages de référence, pour chercher à vous améliorer. Le plus important, c'est surtout de vous y mettre quand vous êtes vraiment motivé, et pas parce qu'on vous dit que

« c'est à ce moment-là et puis c'est tout ». C'est vraiment à vous de sentir quand vous en avez besoin. Quand votre passion vous y pousse !

Vous commencerez probablement par faire quelques petites recherches durant une correction ou une autre. L'intérêt, c'est vraiment de vous y mettre petit à petit. Même à ce stade, ne vous lancez pas dans la lecture de *La Dramaturgie*[4] avec ses plus de cinq cents pages. Vous risquez juste l'indigestion d'informations, d'en oublier les trois quarts, et de ne pas savoir quoi en faire. Commencez doucement. Chercher une technique, puis une autre, cherchez une règle de grammaire, puis une figure de style. Laissez le loisir à votre passion d'entrer dans la danse, puis complexifier les recherches au fur et à mesure.

– *Faire fructifier l'attente* : et si vous pouviez faire travailler quelqu'un pendant que vous attendez ? Le meilleur moyen de rentabiliser un manuscrit en attente, c'est de l'envoyer en bêta-lecture. C'est-à-dire qu'une personne va lire votre manuscrit afin d'en dresser une critique détaillée comprenant ses faiblesses et ses forces. Car oui, l'objectif est bien pour cette personne de vous aider à vous améliorer, et pas de vous dire que « c'est génial » ou que « c'est nul ». Vous comprendrez donc que, pour préserver votre passion, il ne faudra pas choisir n'importe qui ni prendre tous les commentaires de lecture au pied de la lettre. La bêta-lecture est un art minutieux, et on peut réellement apprendre à mieux écrire en en

---

[4] *La Dramaturgie, l'Art du Récit,* de Yves Lavandier, Éditions Le Clown & l'Enfant, 8ème édition en 2019

recevant et en l'exerçant soi-même. C'est d'ailleurs le sujet des compétences n°5 et n°6 !

Après ce chapitre de transition, comme pour la fin du précédent, vous avez le choix du devenir de votre manuscrit :

Soit vous avez réussi à débloquer votre écriture et à terminer votre premier jet, dans ce cas vous remonterez à la compétence n°2.

Soit vous préférez garder votre histoire pour vous, et c'est super, bravo pour votre persévérance !

Soit vous souhaitez poursuivre l'aventure... et tourner la page !

Et après...

Raviver la flamme V : ajuster sa méthode et son équilibre

De nombreux gourous du business et du développement personnel affirment que pour réussir, il faut persévérer. C'est faux. Parce qu'en faisant toujours la même chose, on obtient toujours plus du même résultat. Voilà pourquoi certaines personnes échouent sans cesse. Non, quand ça ne fonctionne pas, au bout d'un moment, il faut juste... changer de méthode !

Alors, votre méthode d'écriture convient-elle encore à vos besoins actuels ? Avez-vous pensé à la faire évoluer ou reste-t-elle la même depuis des années ? Peut-être que vous pourriez tester une préparation plus approfondie (ou au contraire plus légère), une méthode de correction différente, ou trouver de nouvelles techniques de motivation. Faire évoluer son cycle d'écriture, c'est surtout écouter ses propres besoins !

Alors, oui, la peur du changement est partout... et vous hésitez peut-être à évoluer de manière plus franche et consciente. Vous hésitez à accepter ce changement, à faire des choses différentes, encore et toujours par peur du jugement ou de ne pas y arriver... Ou parce que vous n'êtes pas sûr de ce que vous souhaitez, ou de ce dont vous avez réellement besoin. C'est ce qui peut donner l'impression de stagner, et l'indécision s'avère difficile à briser, parfois.

Pour reprendre du poil de la bête, et nourrir au mieux votre passion, voici quelques idées dans le but de renouveler votre cycle d'écriture :

✒ Puisez dans les réussites de vos projets précédents : quelles méthodes ont déjà porté leurs fruits ? Mais aussi, quels échecs avez-vous surmontés, comment avez-vous rebondi ? Parfois, on teste une méthode malgré soi, sans la développer. Sur une intuition ou sans y penser. Y a-t-il des moments particuliers où vous vous sentiez serein dans votre travail ? Quelle était la méthode employée à ce moment-là ? Inspirez-vous donc de ce qui a marché par le passé, tout n'est pas forcément à changer !

✒ Mettez à plat votre méthode de travail et penchez-vous vraiment sur chaque étape afin d'évaluer son efficacité et sa pertinence actuelle. Quelles étapes appréciez-vous ? Quelles étapes vous semblent lourdes ou inintéressantes ? Élaguez tout ce qui ne vous parle plus, ce qui est obsolète, et ajoutez ce qui vous manque, reformulez ou révisez ce qui n'est pas assez clair. Pensez également à y insuffler votre passion d'aujourd'hui, laissez parler vos envies. De quoi avez-vous besoin pour être motivé à préparer de nouvelles histoires, à écrire, à attendre, à corriger ? Qu'est-ce qui vous ferait vraiment vibrer de passion ? L'idée, c'est vraiment de faire évoluer votre cycle selon vos manques et vos besoins. Trouver votre nouvelle méthode pourra demander des tests et des ajustements, mais n'arrêtez que lorsque vous aurez obtenu un résultat qui vous rend serein et positif.

✒ Plus que votre cycle de travail, ajuster l'équilibre *vie personnelle / vie professionnelle* peut aussi vous aider. L'humeur généralement maussade d'une vie déséquilibrée déteint souvent sur le travail, et martyrise ainsi votre passion. C'est un cercle vicieux qui a besoin d'être bousculé pour se briser. Sinon, le déséquilibre dégrade le moral, ce qui dégrade forcément le travail, et le travail mal fait nourrit lui-même le découragement. Dans ce cas, il vaut mieux définir plus précisément son ras-le-bol pour agir à sa source. L'idéal, c'est surtout de viser un meilleur équilibre sur le long terme, un contexte de vie sécurisant. Les questions à se poser tout au long du processus seraient alors :

– *Quel équilibre me permettrait de me sentir plus serein,* en ce moment *?*

– *Qu'est-ce que je peux faire,* maintenant, *pour contribuer au rééquilibrage ?*

– *Qu'est-ce qui me manque,* aujourd'hui, *pour contribuer au rééquilibrage ? Et comment puis-je l'obtenir ?*

(Néanmoins, si vous ressentez de la détresse concernant votre équilibre de vie, le mieux peut être de consulter un psychothérapeute pour vous aider.)

N'hésitez pas à tester de nombreux ajustements de votre méthode de travail. Dans l'idéal, elle devrait être en constante évolution (comme vous). Continuez donc jusqu'à retrouver la sérénité de travail qui vous manque.

Ou… jusqu'à ce que vous compreniez qu'il est temps pour vous de passer à autre chose. Ça arrive. Car malgré la persévérance conseillée à tort et à travers, il faut aussi apprendre à repérer ces moments où l'on n'y arrive plus. Les difficultés et périodes de démotivation chroniques devraient être considérées comme un signal d'alerte fort.

Parce que si votre Muse ou votre inspiration reste boudeuse, malgré tous vos efforts pour « raviver la flamme », c'est peut-être qu'elle a maintenant d'autres aspirations que l'écriture. Dans ce cas, suivez vos nouvelles passions, écoutez cette petite voix qui vous pousse au changement, et prenez soin de vous ! (Peut-être reviendrez-vous à l'écriture d'ici quelques années, si cela peut vous rassurer. Ça arrive aussi. Parce que c'est vous qui décidez.)

Mais si vous gardez la plume, l'encadré suivant se chargera de continuer à vous remonter le moral ! Il vous permettra aussi d'affiner votre rapport à la critique et de réfléchir à votre évolution en tant qu'auteur.

Renvois au chapitre :

– Intro et *Le cycle vertueux : aller plus vite et plus loin*, pour une routine d'écriture efficace
– *Écrire autrement*, pour les techniques de motivation
– Chapitre entier pour faire évoluer votre méthode de travail

AVERTISSEMENT

Si les chapitres précédents vous ont appris comment apprivoiser seul votre manuscrit, la suite s'attarde sur les aspects plus sociaux du travail d'auteur. Il s'agit bien toujours d'améliorer votre roman et vos compétences d'auteur.

Si vous avez bien appliqué les compétences n°2 et n°3, vous êtes maintenant prêt à quitter votre solitude. À présent, seuls les autres pourront vous aider à monter en compétence, à devenir encore meilleur ! Alors bichonnez bien votre humilité et votre persévérance, vous en aurez besoin. Face aux autres, elles vous sauveront vraiment, et elles vous empêcheront de perdre votre passion !

Néanmoins, cette seconde moitié du guide s'avère plus dense que la précédente, puisqu'elle est en partie centrée sur l'analyse des techniques littéraires. Pour éviter que votre travail commence à ressembler à une prise de tête, je vous conseille de mettre les conseils des chapitres suivants en pratique uniquement lorsque vous vous sentirez prêt. Car si cet ouvrage doit rester relativement accessible, il y a tout de même une certaine complexité qui se dessine dans les compétences n°5 et n°6. Donc l'intérêt, c'est vraiment que vous vous y plongiez doucement, petit à petit, en suivant votre passion croissante.

Compétence cachée n°5 :

Grandir grâce à la critique

Jusque-là, vous n'aviez encore jamais soumis votre travail à un regard extérieur, ou si peu... À cette idée, il est normal que quelques craintes vous assaillent. La peur du jugement, de corrections monstrueuses, de ne pas y arriver... Mais en fait, la bêta-lecture, ça promet aussi des louanges inattendues, des encouragements, des échanges intéressants sur l'évolution de vos personnages, des réflexions intenses sur l'amélioration de votre intrigue, et souvent... de belles amitiés ! Oui, c'est possible à partir du moment où vous choisissez soigneusement les personnes avec lesquelles vous travaillez.

Et donc, la bêta-lecture : qu'est-ce que c'est, à quoi ça sert ?

Mais aussi et surtout : comment s'entraîner à gérer la critique et comment rester motivé durant les corrections ? (parce que c'est ce qui nous intéresse le plus, ici)

L'intérêt de la bêta-lecture

Pourquoi chercher des bêta-lecteurs pour son roman ? Pourquoi ne pas passer directement de la case *correction* à la case *édition* ? Eh bien... Comment pouvez-vous être certain que votre roman est suffisamment relu et adapté à votre public ? D'autant plus après avoir travaillé dessus d'arrache-pied. Il faut être honnête, vous aurez beau prévoir de nouvelles pauses, le recul sera de plus en plus difficile à prendre. Il arrive toujours un moment où l'on bloque, où l'on a *besoin* d'un avis extérieur.

Si vous pensez le contraire, prenez garde à l'effet Dunning-Kruger ! C'est un biais cognitif qui entraîne les personnes peu qualifiées dans un domaine à surestimer leur compétence. Chez les auteurs, le classique « c'est bien comme ça » revient régulièrement, parfois après chaque phase de travail. Vous estimez avoir déjà beaucoup bossé, donc vous pensez que c'est suffisant. Mais si vous êtes débutant, le manque de connaissances et d'expérience biaise votre évaluation. Les vétérans le savent : chaque histoire est comme un énorme puzzle constitué de nombreuses pièces, il y a donc toujours des défauts qui nous échappent, même après plusieurs relectures et corrections. L'œil extérieur du bêta-lecteur permettra alors de repérer les faiblesses que vous n'avez pas vues à la relecture, ou qui ont pu sournoisement se glisser à la correction ; sans oublier de relever les points forts de votre manuscrit.

Mais la bêta-lecture, ce n'est pas une liste formatée. Vous n'avez pas besoin de vous poser la sempiternelle question « Est-ce que ça va marcher pour moi ? », parce que l'intérêt de la bêta-lecture réside justement dans sa personnalisation. Aucune bêta-lecture n'est identique, puisque chaque histoire est unique.

Les bons relecteurs vous permettront non seulement d'acquérir une nouvelle vision de l'histoire et d'y réfléchir, mais ils répondront aussi à de nombreuses questions spécifiques. Ils savent chercher l'origine d'un problème, vérifier l'évolution des personnages ou du rythme, évaluer l'efficacité de l'intrigue, traquer les incohérences ; la plupart ont même l'œil pour les fautes qui traînent.

En vrai, il y a toujours des questions qui restent sans réponse à la fin d'une correction en solitaire...

Est-ce que l'émotion se ressent assez ? Pourquoi cette scène ne me plaît-elle pas ? Est-ce qu'on comprend bien le sous-entendu lié à ce personnage ? Est-ce qu'il n'y a pas un coup de mou dans le rythme de ces deux chapitres ?

On doute souvent de plusieurs aspects du texte, parce que, dans ce puzzle que constitue l'histoire, il y a tellement de pièces et tellement de façons de les arranger qu'il est impossible de tout réussir parfaitement du premier coup. Et toutes ces questions qui restent, vous pourrez alors les poser à votre bêta-lecteur. Il sera là pour vous aider à comprendre ce qui coince, à localiser la source du problème afin de le résoudre.

En plus des aspects techniques et concrets, il y a le facteur humain. Très important, et sûrement trop sous-estimé... La bêta-lecture, c'est avant tout une question d'échanges et de passion pour l'écriture et la lecture. Votre premier bêta-lecteur sera donc aussi... votre premier fan ! Il ne se contentera pas de vous faire remarquer les faiblesses de votre texte, il prendra aussi soin de vous rassurer en évoquant ses forces, et ce qu'il a le plus aimé. Les échanges entre auteur et bêta-lecteur sont également l'occasion d'apprendre des techniques d'écriture et de partager des ressources sur le sujet. Et cette émulation, quand on est un auteur qui doute de son travail, on en a besoin. Régulièrement. C'est un atout de plus qui attisera votre passion.

Bref, grâce à la bêta-lecture, vous obtiendrez un manuscrit encore meilleur ! Mais on ne s'y met pas n'importe comment non plus...

Trouver un bon bêta-lecteur

✒ Pour vous aider à choisir la perle rare, voici quelques conseils à suivre lors de vos démarches de recherche de bêta-lecteurs :

– *La fausse « bonne idée »* : ne demandez ni à un gros lecteur de votre entourage, ni à votre mère adorée, ni à votre sœur libraire ou à votre cousin professeur de français. Malgré leur bonne volonté ou leur expertise supposée, ils sont habitués à lire des histoires, non à les construire. Leur avis risque donc d'être peu approfondi. Au mieux, ils sauront vous dire qu'un personnage est plat ou que l'intrigue avance trop vite... mais sans savoir vous préciser pourquoi ! L'intérêt d'une bonne bêta-lecture est justement de localiser la cause de ces faiblesses afin d'y remédier efficacement, ou au moins de recevoir des précisions qui vous aideront à savoir quelles scènes corriger.

– *Où chercher* : dans les communautés d'auteurs sur Internet, c'est le plus rapide et le plus simple pour commencer. Les forums d'écriture et les groupes Facebook d'entraide devraient vous offrir de belles rencontres, mais ça demandera un peu d'investissement en temps pour apprendre à connaître les internautes et voir avec qui vous vous entendez bien. En effet, la bêta-lecture se pratique souvent entre auteurs, en tant qu'échange mutuel. En bonus, vous pourrez poser auprès de ces communautés vos questions existentielles sur l'écriture et l'édition, vous y trouverez des mines d'or d'informations ! Après, si vous en avez les moyens, il existe aussi des relecteurs et des correcteurs professionnels. Mais si vous êtes auteur débutant, je vous conseille de choisir la première option (qui favorise l'apprentissage par la pratique, comme vous le verrez dans le chapitre suivant).

– *Les qualités essentielles* : un bêta-lecteur n'est bon que s'il parvient à son objectif, vous aider ! Pour cela, choisissez quelqu'un qui se montre bienveillant et qui produit des messages argumentés. Car cette personne devra vous aider à améliorer votre histoire tout en préservant votre motivation ! Les meilleurs bêta-lecteurs distinguent les points positifs des points à retravailler dans votre manuscrit, usent de nuance et d'exemples, posent des questions pour éclaircir les incompréhensions, et analysent l'origine des problématiques soulevées pour faciliter la correction. Durant tout le processus, ils sont bien sûr ouverts au dialogue et aux demandes de précisions. S'il s'avère que votre manuscrit demande beaucoup de corrections, un bon bêta-lecteur saura aussi faire preuve de douceur et vous aider à y réfléchir, à chercher des orientations de réécriture.

Souvenez-vous que les bons bêta-lecteurs sont là pour vous aider et vous accompagner dans votre progression, et non pour vous juger. Leur critique doit toujours être constructive, bienveillante et aussi objective que possible. Dans tous les cas, entourez-vous au maximum de bêta-lecteurs qui savent mettre en avant le positif et se montrer rassurants. Faites attention aux relecteurs trop intrusifs, péremptoires, négatifs, aux avis trop vagues, au manque de politesse ou de tact.

– *Les spécialistes de genre* : si vous écrivez pour un public particulier, il y a des règles implicites à respecter. Par exemple, on n'écrit pas un roman jeunesse comme un roman adulte. On n'écrit pas non plus une romance comme une histoire d'horreur. Il n'est pas question ici de respecter ou de casser des codes, mais bien de s'adresser correctement à un public selon ses attentes et besoins. C'est là où des bêta-lecteurs spécialisés peuvent entrer en jeu, leur avis se révélera vraiment pertinent !

– *Le jeune bêta-lecteur* : trouver un bêta-lecteur aguerri disponible n'est pas toujours évident, il est donc aussi possible de choisir une jeune recrue en cours d'apprentissage. Souvent, c'est ce qui arrive quand on fait de l'échange de bêta-lectures entre jeunes auteurs. Attendez-vous alors à un avis peut-être moins détaillé, avec moins d'analyse. Dans ce cas, il suffira de confier votre manuscrit à deux ou trois personnes en parallèle, afin de recueillir plusieurs avis, les bêta-lecteurs se complétant ou se confirmant les uns les autres. Cela vous permettra également de constater que tous les lecteurs n'ont pas la même sensibilité ni le même point de vue sur le texte, et ça nourrira votre réflexion pour les corrections à venir.

Organiser une bêta-lecture

Quand il s'agit d'organiser une relecture par une personne extérieure, on peut aussi parfois se demander par où commencer. Voici quelques étapes et conseils pour faciliter les choses :

– *La prise de contact* : le plus évident en premier, prendre contact avec le bêta-lecteur sélectionné. Vous pouvez lui présenter votre roman (titre, genre, taille, résumé, extraits éventuels) puis, s'il accepte la relecture, discuter avec lui de vos souhaits, de vos craintes, des modalités d'envoi et de retour, de vos disponibilités, etc.

– *Le type de bêta-lecture* : en fonction de vos besoins, vous pourrez choisir entre recevoir une fiche de lecture (soit un avis chapitre par chapitre, soit une fiche globale de plusieurs pages, soit les deux), un retour détaillé sur la forme avec des commentaires dans le texte (style, orthographe, clarté, incohérences, structure), ou bien les deux en même temps. Ces méthodes prenant un temps différent, le bêta-lecteur pourra rallonger les délais ou n'être disponible que pour la fiche de lecture, par exemple. Prenez donc soin de préciser quel type de bêta-lecture vous souhaitez lors de vos premiers échanges. Si vous hésitez, votre bêta-lecteur pourra éventuellement vous donner son avis en lisant le début du manuscrit.

– *Indiquez vos intentions et besoins particuliers* : il peut être utile de préciser au bêta-lecteur vos intentions d'écriture et vos besoins spécifiques à l'histoire. Autrement dit : ce que vous avez voulu écrire dans ce roman, ce que vous espérez que le lecteur comprenne, les doutes que vous avez, si vous souhaitez qu'il prête attention à l'évolution d'un personnage ou à cette scène qui vous ennuie, etc. De cette manière, le bêta-lecteur pourra vérifier ces points au cours de sa lecture. Cependant, vous pouvez aussi choisir de plutôt le questionner après sa lecture pour vérifier ce qu'il a compris. Ainsi, vous cernerez mieux la différence entre ce que le bêta-lecteur a saisi de vos intentions et ce que vous vouliez vraiment écrire.

– *Avant l'envoi du fichier* : pensez à relire votre manuscrit et à le passer au moins une fois au correcteur orthographique. Il n'y a rien de plus perturbant pour un bêta-lecteur que d'être parasité par des détails, ça ne favorise pas une analyse minutieuse et efficace du roman. En plus, vous ferez une bonne première impression !

Recevoir une ~~bêta-lecture~~... critique ?

Ça y est, vous avez reçu un mail de votre bêta-lecteur, qui a terminé son travail. Vous ouvrez la pièce jointe avec excitation, mais... la peur revient et un problème de taille s'impose : accepter la critique. Une petite voix intérieure martèle : *Et si c'était nul ? Et s'il y avait trop de corrections à faire ? Et si c'était irrécupérable ?*

Vous auriez pu y penser :

Mais non... rejeter en bloc toutes les bêta-lectures reçues et publier votre texte tel quel sur *Amazon* n'est pas une bonne idée. (anecdote véridique qu'on m'a racontée !) Les avis des prochains lecteurs ne deviendront pas miraculeusement élogieux.

D'ailleurs, si vous voulez être considéré comme un auteur sérieux ou professionnel, oubliez aussi les réponses assassines aux commentaires des lecteurs, à coup de « le jour où vous écrirez, vous aurez le droit de critiquer » ou équivalent. (anecdote véridique bis, j'ai déjà lu ce genre de commentaire !) Une telle démarche peut juste ruiner votre image, rebuter les lecteurs et les faire fuir.

Vous avez peut-être souri en lisant ces deux anecdotes, mais n'oubliez pas que ces auteurs ont dû penser, sur le moment, que c'était une bonne idée. L'Enfer est pavé de bonnes intentions... Et ce genre de comportement peut cacher autant un immense besoin de reconnaissance que des peurs profondes. L'espoir fou que quelqu'un vous envoie des louanges, je l'ai déjà ressenti, et ça se brise très facilement...

Heureusement, si vous avez bien exploité la compétence n°3 de cet ouvrage, sur la notion d'humilité, vous devriez déjà y être un peu préparé. Avec au moins un petit bouclier, à défaut d'une belle armure en mithril. Pour autant, ce n'est jamais évident d'affronter un premier avis sur un projet dans lequel on a (émotionnellement) mis ses tripes. C'est pour cela que la bienveillance compte autant parmi les critères de choix d'un bêta-lecteur. Mais voilà, malgré toutes les précautions, parfois, ça arrive quand même. On reçoit une bêta-lecture qui mine le moral…

Voici quelques rappels utiles et exercices pour vous aider à mieux surmonter la critique, car libérer votre esprit du négatif vous permettra ensuite d'exploiter plus efficacement les bêta-lectures reçues !

💡 *Il n'y a rien de méchant* : le bêta-lecteur critique toujours l'œuvre et non l'auteur. Pareil pour les critiques des lecteurs : ils ne peuvent ni tout aimer… ni tout détester ! Comme vous, en fait : votre avis diverge au gré des découvertes, celui des autres aussi. Et tout ça est normal, ça fait parfois du bien de se le rappeler. Il existe des réactions de méfiance face à l'inconnu, ou bien une forme d'indifférence, mais ce n'est pas une *volonté* de rejet. Dans la majorité des critiques, il y a rarement une volonté de nuire à l'auteur. Ce sont seulement des personnes qui donnent leur avis.

✒ *Première lecture sans correction* : faites une première lecture de votre bêta-lecture lorsque vous la recevez, mais ne corrigez rien directement. Prenez une pause de quelques jours, voire quelques semaines, estimez le temps dont vous aurez besoin pour prendre du recul et digérer ce retour. Ensuite, relisez la bêta-lecture à froid et réfléchissez-y tranquillement. Si besoin, posez des questions au bêta-lecteur pour affiner votre compréhension de ses critiques, et donc mieux les accepter.

💡 *Ne pas être d'accord* : ne vous forcez pas à écouter votre bêta-lecteur si vous n'êtes pas d'accord avec lui, ne suivez pas ses conseils à l'aveugle. Bien sûr, il arrive qu'un bêta-lecteur se montre maladroit, et vous pouvez l'interroger pour vérifier vos doutes, éclaircir les malentendus. Cela vous aidera à comprendre son point de vue et à vérifier si son argument est plutôt subjectif (avis ou sentiment personnel) ou objectif (observation concrète, parfois due à l'expérience). Vous pouvez aussi comparer l'avis de plusieurs bêta-lecteurs. S'ils concordent, vous saurez qu'il y a effectivement une faiblesse à corriger, et ces divers avis se complèteront pour vous aider à y voir plus clair.

✒ *Entraînez-vous à la critique* : avez-vous déjà confronté votre avis sur une œuvre à un avis contraire ? Si vous ne l'avez pas déjà fait, allez donc lire les critiques négatives des films et des romans que vous avez adorés, et inversement, les critiques positives des œuvres que vous détestez. Il peut être intéressant et enrichissant de chercher à comprendre cette différence de point de vue, et ce qui motive chacun. Si vous en avez l'occasion, échangez également en direct avec des personnes qui ont un avis contraire au vôtre. Cet exercice vous habituera à la grande diversité des avis et vous rassurera sur le fait qu'ils sont donc rarement mal intentionnés.

Cela dit, il est vrai qu'on a souvent tendance à craindre ce qui nous échappe. Pensez à vous focaliser davantage sur ce que vous pouvez contrôler, de manière à vous rassurer. Une fois que vous vous sentirez plus à l'aise face à la critique, l'important tiendra donc en trois points : corriger les problèmes factuels du roman, améliorer ce qui peut l'être pour rendre l'histoire meilleure, et trouver *votre* public.

Rappelez-vous : tant que rien n'est publié, vous avez la liberté de réécrire et de corriger. Autant s'y mettre ! Qu'est-ce que vous risquez ? Un résultat encore plus génial, mince alors…

Analyser une bêta-lecture pour en tirer le meilleur

Après les généralités des paragraphes précédents, voici des techniques pour bien exploiter les bêta-lectures que vous recevez. On peut les apprendre avec la pratique, en analysant des bêta-lectures, mais vous irez bien plus vite si vous savez où chercher. Je vous invite donc à tester ces astuces plusieurs fois. Certaines vous sembleront peut-être plus difficiles, mais c'est normal, elles demandent un peu d'entraînement.

✒ *Comprendre la bêta-lecture* : ça peut sembler évident, mais la communication n'est jamais aussi facile qu'on le croit (sinon, tout le monde s'entendrait à merveille). La première chose à faire est donc de vous assurer de réduire le gouffre entre ce que le bêta-lecteur a voulu dire et ce que vous comprenez. Prenez le temps de bien relire le document, prenez aussi un peu de recul (quelques jours) pour voir si votre compréhension évolue. Ensuite, notez toutes les incompréhensions et questions que vous avez et posez-les. La phase post bêta-lecture nécessite souvent une discussion pour rapprocher la vision de l'auteur de celle du bêta-lecteur, comprendre pourquoi elles diffèrent parfois, nuancer votre perception de l'histoire et compléter vos notes de correction. C'est aussi le bon moment pour aborder vos intentions d'auteur et vos besoins particuliers, en fonction des questions ou des doutes qui vous restent.

Le truc à garder en tête, en termes d'efficacité, c'est surtout de discuter pour *comprendre* et non pour *répondre*. Si tous vos bêta-lecteurs pointent le manque d'une information qui se trouve en fait déjà dans le texte, ça ne sert à rien de la leur montrer en mode *« mais si, regardez, c'est là »*. Demandez-vous plutôt pourquoi ça ne suffit pas, pourquoi l'information n'a pas marqué les lecteurs. Si votre objectif était qu'on s'en souvienne, la vraie problématique est à chercher dans le texte pour comprendre ce qui ne marche pas et pourquoi.

✒ *Traduire le bêta-lecteur* : parfois, le gouffre de la communication n'est pas évident à franchir, et pour comprendre votre bêta-lecteur, vous aurez besoin de *traduire* ce qu'il dit. Par exemple, s'il s'exprime avec des sentiments, vous ne pouvez pas corriger ces sentiments. Si le bêta-lecteur exprime sa déception sur un élément de l'histoire alors que vous recherchiez une autre réaction du lectorat, il faudra : localiser précisément dans le texte les éléments qui amènent de la déception, pour les amoindrir ou les supprimer, puis chercher ce qui manque pour susciter la réaction que vous souhaitiez. Vous pouvez alors poser des questions au bêta-lecteur, afin de l'aider à préciser son ressenti. Bien sûr, il arrive aussi que votre lecteur ait juste envie d'une autre péripétie (par exemple, il ne veut pas voir mourir un personnage) mais, dans ce cas, ça signifie juste que vous avez réussi votre personnage et votre scène ! Il n'y a rien à changer. Il faut faire la part des choses entre point de vue divergeant et besoin de correction.

S'intéresser aux émotions du bêta-lecteur reste néanmoins un moyen de nuancer, préciser ou expliquer une remarque de bêta-lecture que vous auriez du mal à comprendre. Par ailleurs, il arrive qu'un bêta-lecteur se focalise sur un détail en croyant que c'est la cause d'un problème dans le texte, alors qu'en discutant, une autre cause plus profonde ou différente peut apparaître. Vous ne corrigerez alors pas forcément l'erreur pointée au début, mais un autre élément de l'histoire (parfois même juste un malentendu à cause d'une formulation maladroite). Cette habitude de traduction vient souvent avec la pratique, mais en la connaissant, vous vous ferez moins surprendre dès le début.

Bonus : si votre bêta-lecteur adore une scène ou la construction d'un personnage, analysez aussi pourquoi ça marche, comme ça vous pourrez reproduire ou adapter ce petit succès ailleurs dans votre roman !

✒ *Trier les remarques* : la plupart des bêta-lecteurs pensent à présenter leur avis de manière organisée. Que ce soit le cas ou non, vous pouvez ordonner les remarques de la façon qui vous parlera. À défaut, le plus simple reste de répartir les éléments de la bêta-lecture par thématique : personnages, univers, intrigue, style... Et si certains éléments sont difficiles à placer, demandez-vous ce qui devra être corrigé : par exemple, si un personnage enfant parle comme un adulte, changerez-vous les dialogues ou le personnage ? Vous pourrez alors souhaiter garder l'enfant... ou vous rendre compte qu'il est effectivement trop jeune pour l'histoire !

N'hésitez pas non plus à repérer et ressortir les points forts et faiblesses récurrentes parfois disséminées dans la bêta-lecture. Certaines remarques peuvent cacher plus de compliments ou d'informations qu'il n'y paraît !

Si vous recevez plusieurs bêta-lectures en même temps sur un même roman, vous aurez l'occasion de vérifier sur quels points les avis diffèrent ou se rapprochent. Dans le premier cas, vous pourrez trancher, mais si la majorité arrive à un consensus, c'est qu'il y aura quelque chose à corriger.

✎ *Analyser avec Pareto* : la loi de Pareto (définie par l'économiste italien *Vilfredo Pareto* au XIXe siècle) démontre qu'environ 80 % des effets sont produits par 20 % des causes. Par exemple, en entreprise, 80 % du chiffre d'affaires est réalisé par 20 % des clients. Ce n'est pas une règle immuable, car les pourcentages peuvent varier légèrement, mais de telles proportions se retrouvent souvent. Pour faciliter votre correction de manuscrit, il vous faut donc dénicher grâce à la bêta-lecture quelles sont les 20 % de causes qui entraînent 80 % des problématiques soulevées. On cherche ici le *pourquoi* majeur des faiblesses du texte. Le 20 % qui s'occupe de les gouverner toutes… (et dans les ténèbres les lier). Cela vous permettra de mieux cibler les besoins de correction. Vous verrez ainsi que les problématiques soulevées en bêta-lecture se répondent et se relient souvent, qu'il s'agit plus d'un *réseau* que de faiblesses indépendantes.

En trouvant le cœur du réseau, vous agissez donc à la source, sur ces fameux 20 % qui débloquent presque tout le reste. Concrètement, c'est comme si vous ne corrigiez que 20 % du texte, et que 80 % des problèmes se résolvaient d'un coup, par voie de conséquence. De cette façon, vous avez moins de corrections à opérer, et vous savez *pourquoi* vous les faites ! Cela dit, si ces 20 % se situent sur un élément fondateur de l'histoire, sur ses bases profondes, cela pourra demander de la réécriture.

C'est là où le travail du point précédent peut être utile ou complété. Il va vous falloir réfléchir et analyser la bêta-lecture, mais aussi votre texte, pour faire du lien entre les éléments. Quelle problématique a une influence sur les autres ? De quelle manière ? Quels éléments fonctionnent en réseau, et quel est le centre du réseau ? Si cela peut vous aider, essayez de créer une mindmap ou une hiérarchie afin relier les problématiques entre elles. Ainsi, vous gagnerez une vision complète du réseau et une meilleure compréhension des rouages de votre histoire.

Exemple fictif de bêta-lecture rédigée :

« Je trouve que les personnages <u>manquent parfois de réactions</u>, comme au chapitre 4 où le père de l'héroïne la gronde à peine lorsqu'elle fait une bêtise. Pareil avec son frère, on ne sait pas trop quel <u>type de relation</u> ils entretiennent. Je ne me souviens pas d'une scène où l'on voit ce qui les rapproche, s'ils s'aiment ou s'ils se détestent.

En fait, c'est difficile de déterminer si l'héroïne a vraiment besoin de l'aide de sa famille, <u>on ne sait pas trop ce qu'elle cherche</u>. Au chapitre 8, elle va demander à sa mère alors que sa meilleure amie habite moins loin. Mais pourquoi a-t-elle choisi d'aller voir sa mère, alors ? Est-ce qu'elle savait que sa mère s'occuperait du problème pour elle ? Parce que, du coup, la mère résout presque toute la problématique de fin. L'héroïne se contente souvent de <u>suivre les autres</u>, quand on y regarde bien (au chapitre 4 avec son père, au chapitre 5 avec son frère, puis sa mère au chapitre 8).

L'histoire est aussi un peu <u>molle par endroits</u>, et certaines <u>actions se répètent</u>, comme l'héroïne qui va plusieurs fois demander l'aide de sa famille vu qu'<u>elle ne sait pas quoi faire</u> (chapitres 4, 5 et 8). Donc la <u>tension a tendance à</u>

retomber, puisque <u>tout le monde l'aide facilement</u>. Certains dialogues se ressemblent un peu. Même à la fin, lors de l'agression dans la cuisine, la mère frappe le voleur plusieurs fois et la scène est longue, ça <u>manque de dynamisme</u>. »

\>> Ici, nous avons beaucoup d'éléments reliés les uns aux autres, il peut donc être difficile de trouver par où commencer les corrections. Pour trier ces éléments, on va les regrouper par thématiques proches et distinguer les plus récurrentes et/ou importantes. N'hésitez pas à souligner dans le texte les éléments les plus importants, pour vous aider à synthétiser.

\>> Par ailleurs, notez que j'ai glissé quelques éléments à *traduire*. Par exemple, *« on ne sait pas trop ce qu'elle cherche »* puis *« elle ne sait pas quoi faire »* peuvent signifier un manque d'objectif clair et/ou de motivations du personnage. On traduira en fonction du contexte, et si besoin on demandera confirmation au bêta-lecteur.

Synthèse de transition

1. Beaucoup de choses tournent autour de l'héroïne (= 20 %) : relations familiales peu développées, ses proches manquent de réaction, on ne connaît pas la raison de ses choix, ni son objectif, elle semble indécise, elle suit les autres, elle reçoit facilement de l'aide, elle laisse les autres finir l'histoire. (= 80 %)

\>> On pourrait essayer de corriger chacun de ces éléments séparément, mais puisqu'on voit qu'ils découlent tous de l'héroïne, agir directement sur ce personnage devrait donner un résultat plus efficace. Elle est donc la *cause* de toutes les conséquences mentionnées ici. Le fameux 20 % !

2. L'action est molle et se répète : dans les choix de l'héroïne, dans l'aide qu'elle reçoit, les dialogues, et le combat de fin. (= 80 %)

>> Parfois, il est utile de se demander : « De quoi manque-t-on ? » Ici, le contraire de la répétition serait donc la variété des actions. Cela dit, ce manque de variété semble être aussi une conséquence de l'aspect indécis et passif de l'héroïne, et la développer aiderait sûrement à retirer certaines répétitions. Donc ici, on est plutôt dans les 80 % également.

Alors, j'ai choisi un exemple simple mais, en bêta-lecture, le 80 % est parfois pris pour la faiblesse principale de l'histoire et pointé comme tel. Parce qu'il se montre souvent envahissant, ses effets sont plus visibles (comme l'ennui à la lecture, par exemple, qui ici orienterait l'auteur à ajouter seulement du dynamisme). Tandis que le 20 %, au contraire, se cache plus souvent entre les lignes, au croisement de plusieurs problématiques du réseau. Pensez-y quand vous synthétisez vos notes.

Questions à se poser pour synthétiser, puis creuser et vérifier :

– Quel est l'élément ou la thématique qui revient le plus souvent dans la bêta-lecture ?

– Certaines problématiques se rapprochent-elles les unes des autres ?

– Quelle autre problématique pourrait en être la/une cause ?

– Quelle autre problématique pourrait en être une conséquence ?

– Comment ?

– Pourquoi ?

– Parce que ?

– Donc ?

Transposition hiérarchisée

Pour réfléchir au réseau de manière visuelle, le plus simple peut être de répertorier dans des bulles ou des cases les différents éléments, puis de tracer des flèches « parce que » pour définir les liens de cause à effet. Par exemple (tableau ci-contre) : « les réactions des personnages sont faibles » *parce que* « les relations entre les personnages ne sont pas assez développées ». Le schéma ci-contre est volontairement simplifié, et je vous invite d'ailleurs à réfléchir à d'autres flèches possibles pour vous entraîner (par exemple : il y a des « baisses de tension » *parce que* « les réactions des personnages sont faibles », etc.).

Au final, vous arriverez à une hiérarchie ou chaque case sera le « parce que » d'une autre, voire de plusieurs autres. Vous pourrez ainsi distinguer d'où partent la majorité des flèches (il s'agira du 80 % le plus visible) et vers quelle case elles pointent le plus (donc votre fameux 20 %).

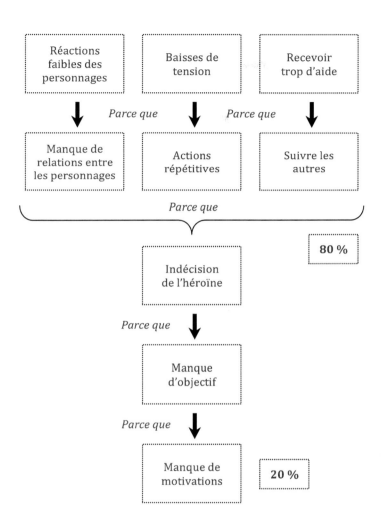

L'exemple proposé ici est fictif et partiel, mais il permet néanmoins de pointer deux corrections efficaces qui résoudront une bonne partie des problématiques soulevées dans l'exemple de bêta-lecture :

– Mieux caractériser l'héroïne, notamment en lui donnant un objectif précis, des motivations fortes et quelques traits de caractère supplémentaires, ce qui lui permettra d'être plus active et décidée dans ses choix, plus entreprenante, plus créative dans ses actions. Ainsi, elle demandera moins l'aide de ses proches, son dynamisme poussera les autres personnages à réagir de manière plus prononcée, et cela renforcera les relations entre eux.

– Développer également la caractérisation des autres personnages permettrait d'apporter des conflits supplémentaires, et donc du dynamisme à l'intrigue. Par exemple, un personnage refuse d'aider l'héroïne en raison d'un différend passé et elle doit donc trouver une autre solution à son problème, tout en essayant de résoudre le différend.

>> Ici, nous sommes dans le genre d'exemple où le 20 % va demander pas mal de réécriture, en particulier parce qu'il amènera de nouvelles idées de péripéties plus dynamiques. Mais la correction sera bien ciblée, donc plus efficace et plus rapide à terminer.

Notez que ce n'est pas forcément le seul moyen de trier, répartir et analyser les éléments d'une bêta-lecture. Vous pouvez mettre en place une méthode différente. L'important, c'est de bien parvenir à différencier les 20 %

des 80 %, à localiser le cœur du réseau que constituent les problématiques de l'histoire.

Établir un plan de correction efficace

La méthode développée ici complète l'analyse effectuée avec la loi de Pareto indiquée ci-dessus. En effet, cette dernière vous permet déjà d'obtenir une ébauche de plan de correction efficace... alors pourquoi s'en priver ?

Néanmoins, si vous souhaitez construire un plan de correction à partir de votre propre relecture (donc sans bêta-lecture), je vous suggère de combiner la technique proposée dans la partie « *Corriger autrement* » de la compétence n°4 à votre analyse Pareto, cela devrait être plus intéressant.

✒ Une fois que vous avez analysé la bêta-lecture (ou votre manuscrit) et commencé à trier vos idées, les besoins de correction apparaissent plus clairement, un plan commence à se dessiner. Grâce à la loi de Pareto, vous aurez déjà dégrossi le travail en distinguant les éléments à corriger en priorité, les fameux 20 %.

Si vous ressentez le besoin de bien hiérarchiser vos idées pour obtenir un plan de correction clair, vous pouvez vous inspirer de la matrice d'Eisenhower ci-après. Vous aurez ainsi quatre catégories dans lesquelles répartir vos notes :

	Important	*Peu important*
Urgent	Les plus gros éléments à corriger, les causes principales, le cœur du réseau. En bref, les fameux 20 % !	Les petits éléments qui gênent la lecture ou provoquent des incompréhensions : incohérences, contresens, scènes brouillonnes, etc.
Peu urgent	Les 80 % de conséquences qui se régleront toutes seules (ou presque) en corrigeant les 20 %.	Les broutilles et détails à voir plus tard.

N'en déplaise à ce cher Eisenhower, il ne s'agira ni de déléguer ni d'abandonner des éléments, cette matrice doit juste vous servir à y voir plus clair dans vos notes et à savoir par où commencer votre correction, qui en deviendra ainsi plus rapide et efficace.

Mais si cela vous aide davantage, il existe d'autres méthodes de tri des éléments, comme les regroupements thématiques : personnages, intrigue, décors, etc. Cette technique peut d'ailleurs être utilisée à l'intérieur du tableau précédent, pour clarifier la hiérarchisation.

À ce stade, il ne faut pas hésiter à revenir discuter avec votre bêta-lecteur si de nouvelles interrogations surgissent. Tant que le manuscrit n'est pas terminé, il sera toujours temps. Gardez juste en tête que votre bêta-lecteur n'a pas à interférer avec vos décisions, quand bien même vous choisiriez d'ignorer l'une ou l'autre de ses remarques. Il n'a d'ailleurs pas forcément à le savoir.

Une fois votre plan noté, réfléchi, peut-être ré-organisé, vous pouvez vous relancer dans un cycle de correction classique. Commencez par ce que vous souhaitez : les 20 % qui cassent tout, ce qui vous semble le plus simple, ou au contraire le plus complexe. Le plus efficace sera sûrement de s'attaquer en premier aux 20 %, mais vous êtes libre de mener vos corrections comme vous l'entendez si une autre méthode vous correspond mieux. Si vous souhaitez entretenir votre satisfaction régulière, je vous recommande juste de fractionner les corrections en petites tâches pour avancer plus facilement.

Dans tous les cas, veillez à ce que vos corrections correspondent toujours à vos intentions premières d'auteur concernant cette histoire, à ce que chaque idée vous parle vraiment. Si vous avez le sentiment de vous forcer sur une correction, c'est que vous n'avez peut-être pas encore trouvé la bonne idée. Pensez à prendre le temps de la réflexion, les meilleures idées d'un roman ne débarquent parfois qu'à la correction ! On a une prise de conscience concernant un personnage ou un élément de l'intrigue, une illumination, et paf, une idée qui débloque tout ! C'est le genre de petite expérience qui reboote la motivation à fond.

Attention toutefois au risque de perfectionnisme, parce qu'il est très facile de continuellement trouver une phrase à reformuler ou une idée à ajouter. Et on n'en finit jamais ! C'est à vous de choisir d'arrêter vos corrections, à un moment donné, lorsque le manuscrit vous semble assez abouti. Dans le doute, une dernière bêta-lecture pourra vous servir à vérifier si vos corrections sont suffisantes. Si les commentaires se concentrent principalement sur des détails, c'est la preuve que vous avez terminé !

Entretenir sa motivation durant les corrections

Puisque c'est une période difficile pour tous les auteurs, elle mérite qu'on y prête une grande attention. En effet, entre la réception d'une bêta-lecture et la fin d'une correction, il s'écoule beaucoup de temps et de nombreuses occasions de déprimer : la longueur de la bêta-lecture, une intrigue trop bancale, une analyse complexe et éreintante, l'impression permanente de s'emmêler les pensées et de se cramer les neurones, le sentiment qu'en fait... c'est nul, la montagne de corrections qui s'érige en une liste de plusieurs pages, ce problème qu'on pensait simple mais qui s'avère compliqué...

Stop ! Ne flanchez pas tout de suite. Il existe quelques techniques pour vous éviter de sombrer dans l'impression que vous êtes nul (parce que vous ne l'êtes pas, on l'a déjà dit, c'est juste que *votre manuscrit n'est pas terminé !*). Le vrai problème, c'est qu'à trop corriger le « négatif », on broie du négatif à longueur de journée. C'est un peu triste, non ?

Et si on ressassait *aussi* du positif ? Et si on rééquilibrait la balance pour permettre au moral de se sentir mieux ? Malheureusement, c'est une habitude à prendre. Ce n'est pas naturel chez l'être humain, qui est programmé pour être plus attentif aux éventuelles menaces qu'au bonheur (dites bonjour au biais cognitif de négativité[5]). Il s'agirait donc d'éviter que notre instinct de survie nous mine le moral pour un danger somme toute relatif...

Voici plusieurs techniques *remonte-moral* (avec plein de bonus !) à ancrer dans vos habitudes quotidiennes. Abusez-en ! (elles peuvent aussi servir dans d'autres domaines de la vie)

💡 *La reconnexion* : parfois, travailler durant de longs mois sur un manuscrit nous éloigne de notre motivation originelle, nous oublions peu à peu la joie des premières idées. L'objectif, ici, ce serait donc de la retrouver, de se reconnecter à ce que l'on aime dans cette histoire. Alors, qu'avez-vous ressenti, quand les premières idées géniales de votre roman ont débarqué ? Lesquelles c'étaient, d'ailleurs ? Quelles idées ont fait battre votre cœur ? Et puis surtout, quelles étaient vos intentions d'écriture, ce *« pourquoi »* qui vous poussait à écrire ? Renouez doucement avec vos premières émotions positives, les plus fortes et enivrantes. Renouez avec la vraie raison qui vous motivait à écrire cette histoire. En rappelant ces souvenirs chaleureux à vous, les émotions qui y sont liées remonteront également, ce qui vous remotivera. Ce sera un peu comme retrouver un vieil ami perdu de vue !

---

[5] Le biais de négativité est une tendance naturelle à être davantage marqué par les expériences négatives que celles positives, à prendre plus souvent en compte les informations négatives et à baser nos croyances et nos décisions sur celles-ci. Il a notamment été étudié en 2001 par Paul Rozin et Edward Rozyman.

(Sauf si vous vous rendez compte que ces idées ne vous parlent plus autant qu'avant, c'est triste mais ça peut arriver. Vous pourrez alors choisir un autre projet plus motivant !)

✒ *La collection* : et si, au lieu de collectionner le négatif, vous collectionniez le positif, pour changer ? Reprenez votre bêta-lecture, et copiez-collez sur un document vierge tous les compliments du bêta-lecteur et toutes les forces pointées dans votre texte. Absolument tout ce qui est positif. Mettez-le joliment en page comme vous aimez... avec l'écriture en taille 40 ! Puis imprimez-le et placardez-le près de votre bureau, là où vous le verrez en levant les yeux de votre clavier. Relisez votre collection souvent, très souvent, tous les jours s'il le faut. C'est le début de votre « tableau de motivation » !

Bonus n°1 : si vous recevez plusieurs bêta-lectures, ça vous fera encore plus de choix et de citations à imprimer. Ne vous privez surtout pas !

Bonus n°2 : si vous avez déjà reçu des chroniques de nouvelles ou de romans publiés (ou quand vous en aurez), piochez aussi dedans, et construisez-vous carrément un « mur de motivation » !

Bonus n°3 : si vous êtes un auteur nomade, sans bureau fixe, choisissez l'option « carnet de motivation », en recopiant à la main vos citations (voire en les recopiant plusieurs fois, pour mieux les mémoriser) dans un joli carnet que vous aurez choisi pour l'occasion... un compagnon qui ne vous quittera absolument jamais !

Bonus n°4 : si vous croisez des citations inspirantes ou motivantes sur Internet, dans un livre, sur une pierre tombale (sait-on jamais)... notez-les aussi, elles vous aideront !

Bonus n°5 : voici mes deux citations motivantes préférées, c'est cadeau :

– Les rêves n'ont pas de date d'expiration. Respire profondément, et réessaye.

– *« Parce que j'en ai envie »* est une excellente raison.

(En vrai, j'ai commencé ma propre collection avec sept post-its collés sur le mur face à mon bureau.)

💡 *La projection :* focalisez-vous sur une idée réaliste : d'accord, vous espérez recevoir des critiques positives... mais *après* la correction, et pas avant. Pour booster votre motivation, focalisez-vous sur le résultat que vous espérez obtenir *après* la correction, et notamment sur les commentaires que vous pourriez recevoir. Imaginez votre scène terminée, l'effet qu'elle devrait avoir sur les lecteurs et ce qu'ils pourraient en dire. Cela peut même vous aider à affiner votre correction ! La projection vers cette réussite fait ainsi office de gratification par anticipation, et c'est motivant. D'autant plus si vous parvenez à rester réaliste dans vos attentes.

Une autre technique consiste à prendre un modèle, ou une idole, c'est-à-dire une personnalité publique qui se trouve déjà là où vous souhaitez en arriver un jour. Quelqu'un qui incarne votre rêve ! Le mieux reste de choisir un écrivain un peu reconnu, en évitant les gros best-sellers. Vous y croirez plus facilement et la projection fonctionnera mieux, elle vous poussera à l'action et à vous dépasser de manière réaliste. Une bonne façon d'ajouter de la positivité à vos corrections !

✎ *L'investissement* : et si, au lieu de vous appesantir sur la critique, vous investissiez dedans pour la transformer en quelque chose d'utile et de positif ? C'est ce que l'on fait déjà un peu avec la bêta-lecture. Mais si une bêta-lecture est dédiée à un seul manuscrit, elle peut aussi représenter un investissement pour la suite. Et notamment pour vos prochaines histoires, afin d'obtenir un meilleur premier jet ! En relisant votre bêta-lecture, vous pouvez alors en retirer deux choses :

– les faiblesses générales (caractérisation des personnages, intrigue trop lente, etc.), ou récurrentes (descriptions ou explications confuses, etc.) : transformez-les en points de vigilance sur vos prochains projets. Une manière d'utiliser tout ce *négatif* de manière *positive*, pour vous donner une sensation de revanche sur votre sentiment d'échec. Concrètement, vous pouvez dresser la liste des faiblesses importantes et/ou récurrentes de vos manuscrits précédents, puis vous en servir comme checklist sur les suivants. Ces points pourront alors être vérifiés soit à l'étape de la préparation (avant l'écriture), soit lors de votre première correction (avant la bêta-lecture). Pensez juste à formuler vos éléments de manière positive (ex : « héros actif » plutôt que « héros non passif »), afin de lister le résultat que vous visez.

– les forces de votre histoire : parce que c'est bien de les afficher au-dessus de son bureau pour se motiver et se rassurer, mais elles peuvent aussi se rendre utiles ! Alors reprenez la liste de vos forces, posez-la à côté de votre plan de correction, et réfléchissez tranquillement, inspirez-vous-en. Ces forces nourriront votre créativité en vous apportant de nouvelles idées. Mais aussi, avec un peu de chance, elles vous aideront à atténuer les faiblesses du manuscrit. Par ailleurs, ces forces sont également des exemples à suivre pour vos prochaines histoires, des inspirations bienvenues. Ce que *vous avez déjà réussi* ! Laissez-vous guider !

✒ *Le rebond* : et si vous choisissiez vos corrections avec le cœur, pour les aimer autant que votre premier jet ? C'est une technique que j'ai longtemps pratiquée instinctivement, jusqu'à un jour fatidique de correction éditoriale qui m'a descendu le moral dans les chaussettes. Et alors... j'ai découvert ma faculté à rebondir ! J'en ai pris conscience. Oui, il s'agit de l'anecdote décrite au début de cet ouvrage. Voici maintenant la technique concrète. Peut-être la maniez-vous déjà sans le savoir. Dans ce cas, je peux vous dire qu'en prendre conscience doublera votre motivation !

Problématique : la correction envisagée sur votre manuscrit vous déplaît fortement ou vous déprime carrément. Il s'agit souvent de couper une scène, devoir la remplacer, supprimer un personnage, tailler dans le gros œuvre... Bref, vous avez le sentiment de *casser* quelque chose que vous aimez ! Et ce faisant, ça *casse* votre passion pour ce projet, ça vous coupe toute envie de continuer.

Solution : lancez-vous dans une réflexion active sur la problématique, une étincelle positive finira par en émerger. Le plus important, c'est de trouver une idée que vous aimerez autant que celle de votre premier jet ! Une idée qui fait battre votre cœur, qui sort de vos trippes ! Mais qui soit aussi intéressante pour votre histoire, quand même. Donc prenez le temps de noter vos idées et réfléchissez-y jusqu'à dénicher celle qui ranimera votre motivation ! Et si vous en trouvez plusieurs, vous pourrez choisir la plus pertinente. Vous les reconnaîtrez, ces illuminations qui vous redonnent envie d'écrire au plus vite. Elles s'avèrent parfois longues à surgir, néanmoins, ce sont les plus puissantes pour vous débloquer et vous redonner le sourire !

Mais ici, ce n'est pas tant la solution elle-même qui importe, c'est surtout l'état d'esprit positif qui en découle :

– vous avez réussi à surpasser la problématique, vous pouvez en être fier, c'est comme si vous aviez gagné la partie face à l'échec qui menaçait

– même si votre travail s'est avéré éprouvant, vous en avez profité pour améliorer votre histoire

Ainsi, vous sortez de cette difficulté avec le sentiment d'avoir *gagné*, tout en ayant obtenu un résultat *utile* à votre histoire, ainsi qu'à la progression de votre compétence d'auteur. Vous avez totalement renversé l'échec, en rehaussant votre estime personnelle et en améliorant concrètement votre manuscrit. Sur les deux plans, émotionnel et matériel, vous avez transformé le négatif en positif !

Bonus n°1 : si vous le souhaitez, gardez les idées supprimées de votre histoire pour un prochain projet, dans un fichier à idées, ou gardez les anciennes versions de votre texte pour pouvoir y revenir si besoin. Parce qu'en corrigeant ou en écrivant, on peut être amené à faire pas mal de tests (surtout quand on doute de ses idées), mais tout ne fonctionne pas forcément à la relecture.

Bonus n°2 : une fois bien ancrée, cette habitude peut être utilisée par anticipation de la bêta-lecture et des corrections éditoriales, elle servira alors à vous endurcir, parce que « peu importe les critiques, je trouverai des idées pour les surpasser ». Peu importe les tempêtes qui se dressent au cœur de vos corrections, vous *saurez* que vous pouvez toujours renverser l'échec qui menace, et transformer le négatif en positif. Vous vous souviendrez que si vous l'avez déjà fait, vous pouvez le refaire, vous en avez les capacités ! (Ce qui ne signifie pas une réussite automatique, mais permet de moins douter de ses capacités en général.)

Bonus n°3 : rebondir, c'est pratique dans tous les domaines de la vie, donc vous pouvez adapter cette méthode dès que vous en avez besoin. Quand un événement négatif surgit : exprimez vos émotions, demandez-vous comment rebondir, puis agissez pour transformer le négatif en quelque chose de positif et/ou utile (pour vous ou pour les autres). Et surtout, savourez cette réussite, soyez-en fier, elle vient de vous !

Voilà, avec tout ça, vous devriez être à peu près armé pour envoyer vos précieux manuscrits en bêta-lecture et mieux corriger. Pour vous accompagner, n'hésitez pas à visiter les communautés d'auteurs en ligne et à vous établir là où vous vous sentirez bien. Elles sont de vraies mines d'or : d'encouragements autant que d'informations. Discuter simplement de votre roman avec d'autres auteurs vous permettra d'obtenir une vision différente, de débloquer des problématiques, de clarifier votre organisation. C'est le gros *plus* qui fait le lien entre les différentes étapes de la création d'un roman !

Grâce à elles, vous pourrez aussi apprendre vous-même à bêta-lire. Alors, peut-être que ça vous effraye ou vous rebute, au premier abord, mais c'est pourtant, à mon sens, la principale pierre angulaire de votre apprentissage. Là où les formations pour écrire un roman vous apprennent la théorie, la bêta-lecture vous forme de manière pratique. C'est un peu comme la différence entre un cursus scolaire classique et l'alternance. Et puisque je préfère largement cette deuxième approche, le chapitre suivant vous apprendra comment devenir autonome dans votre apprentissage !

Et après...

Raviver la flamme VI : relativiser la critique et s'auto-évaluer

Même après plusieurs romans, recevoir des bêta-lectures vous mine encore le moral ? Vous ne parvenez pas à accepter la critique sans avoir l'impression d'être nul et de chuter dans un gouffre sans fond ? C'est normal, car l'estime de soi n'est pas un facteur stable, en particulier chez les artistes, souvent soumis à la critique. Il vaut donc mieux l'entretenir pour qu'elle reste au beau fixe !

Dans le but de renforcer votre armure à critiques, je vous propose ici des outils et exercices avancés.

En premier lieu, voici un exercice d'entraînement très simple :

✒ Prenez l'un de vos plus vieux premiers jets et relisez-le. Mesurez tranquillement ses failles, ses manques et ses potentialités, un peu comme si vous faisiez votre propre bêta-lecture. Vous prendrez ainsi conscience des apprentissages que vous avez acquis depuis. Vous constaterez que tout n'était pas parfait, mais qu'il y avait quand même de bonnes idées ici et là. Si vous le souhaitez, vous pouvez continuer avec des premiers jets plus récents, afin d'examiner votre évolution. Cela devrait être assez flagrant ! Cette rétrospective vous aidera à mieux accepter vos imperfections, tout en vous rassurant sur votre évolution et vos compétences actuelles.

En second lieu, voici plusieurs techniques à utiliser lorsque vous recevrez une bêta-lecture. Il s'agit d'outils de détachement émotionnel, qui visent à préserver votre estime et votre confiance personnelles.

💡 Préparez-vous en amont. Avant d'envoyer un texte en bêta-lecture, mettez-vous en condition : acceptez à l'avance que tout ne sera pas parfait, et que certaines critiques vous plairont moins que d'autres. Vous pouvez même en faire un mantra à vous répéter, afin que ce mode de pensée devienne une habitude. Travaillez à accepter l'imperfection comme source d'apprentissage, comme une étape normale de votre parcours. Personne n'a pas besoin de succès perpétuels et ininterrompus pour être heureux.

💡 On peut *être sûr* d'y arriver, ou *craindre* le pire, mais, en vrai, on ne peut jamais vraiment *savoir* à l'avance. Que l'on voie le verre à moitié plein ou à moitié vide, la quantité d'eau reste la même. La vraie probabilité d'échec/réussite reste toujours à 50/50. Soit on gagne, soit on perd : deux options. Donc si on ne fait rien, il ne se passe rien... Par contre, plus on travaille sur la correction du manuscrit, plus on a des chances de faire pencher la balance en faveur de la réussite. Et là, ça devient soudain rassurant de se dire qu'on a minimum 50 % de chance de réussite et qu'on peut faire monter ce ratio en travaillant ! Il faut juste prendre garde au perfectionnisme et se prévoir des garde-fous. Aidez-vous de bêta-lecteurs ou d'amis auteurs pour vérifier si vos corrections sont suffisantes, et pensez à sonder votre fatigue pour éviter de dépasser votre seuil d'épuisement.

✒ Reformulez les critiques avec vos propres mots, ceux que vous auriez aimé recevoir, s'ils vous semblent plus agréables. Comment auriez-vous préféré que le bêta-lecteur formule sa critique ? Ainsi, vous pourrez mieux comprendre ce qu'il a tenté de vous dire et vous approprier l'idée, mieux l'accepter. Pour ensuite mieux corriger !

✒ Corrigez en premier lieu ce avec quoi vous êtes d'accord, cela vous mettra dans une dynamique plus positive pour la correction. Puis laissez du temps au reste, à tout ce qui vous fait hésiter ou grincer des dents, vous le corrigerez éventuellement plus tard, une fois que vous serez lancé dans la dynamique.

✒ Une bêta-lecture est souvent chargée de détails qu'on peut laisser de côté ou remettre à plus tard. Vous le savez si vous bêta-lisez aussi, ou en tant que lecteur : parfois, on se focalise sur un détail, puis on l'oublie. Donc parfois, là aussi, ça peut faire du bien de laisser certains détails de côté, au moins durant un certain temps. Ça libère un peu de charge mentale et d'émotions. Et ça vous garde quelques petites choses faciles à corriger pour la fin.

💡Songez régulièrement à vos fiertés, vos réussites, aux commentaires positifs déjà reçus par le passé, à vos relectures satisfaisantes. N'oubliez pas cette belle source de motivation en cours de route ! N'hésitez pas à noter tout ça pour le relire régulièrement. Les corrections exacerbant plus souvent le négatif de notre travail, il faut remettre le positif sur le devant de la scène régulièrement !

💡Il va peut-être falloir travailler l'indulgence de soi et être moins exigeant, moins inflexible envers vous-même. Entraînez-vous à entretenir avec vous-même une relation amicale et sympathique, au lieu d'une relation autoritaire basée sur le jugement et l'exigence. Cultivez la bienveillance envers vous-même, celle-là même que vous aimeriez recevoir de la part de vos bêta-lecteurs.

Après toute cette ribambelle d'outils, voici un dernier exercice qui vise à vous rassurer sur vos capacités et à savoir vraiment où vous en êtes.

✒ Connaissez-vous vos forces et vos faiblesses ? Vous en avez sûrement une petite idée... Alors, reprenez donc toutes vos bêta-lectures reçues ainsi que les commentaires des lecteurs sur vos ouvrages, et notez soigneusement les éléments qui ressortent. Dressez-vous deux listes : forces et faiblesses. À un moment donné, vous devriez remarquer des récurrences entre vos sources. Peut-être aussi des éléments qui se répétaient avant, mais moins récemment ! En tout cas, vous aurez ainsi une vision claire de vos compétences actuelles.

Pour compléter cet exercice, vous pouvez en déduire comment combler vos lacunes. De quoi avez-vous besoin pour avancer ? Qu'est-ce qui vous manque ? De l'entraînement sur un élément particulier, des connaissances, une formation ?

Bien sûr, vous n'êtes pas obligé de travailler à combler toutes vos faiblesses ! L'important, c'est surtout de prendre conscience de vos forces et de faire le point sur ce qui vous manque pour atteindre votre équilibre idéal. Un équilibre réaliste et raisonnable qui vous préservera des dégâts du perfectionnisme, n'est-ce pas ?

Après ce gros bilan, si vous ressentez l'envie de progresser, l'encadré du chapitre suivant vous donnera de nombreuses pistes pour développer et affiner vos compétences d'auteur. Parce qu'on ne s'arrête jamais d'apprendre !

Renvois au chapitre :
– *Recevoir une ~~bêta-lecture~~... critique ?*, pour aider à la gestion émotionnelle
– *Analyser une bêta-lecture pour en tirer le meilleur*, pour glaner des techniques d'analyse à tester ; puis *Établir un plan de correction efficace,* pour les appliquer
– *Entretenir sa motivation durant les corrections* (tout est dit !)

Compétence cachée n°6 :
Apprendre des autres

Le titre de ce chapitre est un peu trompeur : apprendre est utile, mais il est bien plus intéressant de *comprendre*. Parce que comprendre les mécanismes narratifs nous donne davantage de pouvoir sur nos récits, sur la façon dont on les construit, ce qui aide à freiner toutes les indécisions dues au manque de confiance en soi.

Découvrir de nouvelles techniques d'écriture constitue aussi une source de motivation pour de nombreux auteurs, on se demande alors « comment pourrais-je les utiliser pour rendre mon roman meilleur ? ». En ce sens, apprendre est autant une source de savoir que de motivation ! Apprendre est une promesse pour demain !

Pour bien *comprendre* comment fonctionnent les histoires, le mieux reste donc d'étudier des exemples concrets, de creuser dans les profondeurs de leur construction. Par chance, l'énorme production littéraire et audiovisuelle actuelle nous offre un large choix de ressources qui maîtrisent déjà l'art de raconter des histoires. Alors, autant étudier les œuvres qui naissent chaque année, qu'elles soient adulées... ou vivement critiquées ! En effet, pour comprendre les mécanismes narratifs, il est intéressant d'étudier à la fois les chefs-d'œuvre et les navets (selon votre jugement personnel, bien sûr !).

Mais attention, ici l'objectif n'est pas de se comparer aux autres. Après tout, si vous ne parvenez pas encore à écrire de superbes descriptions comme cet auteur que vous idolâtrez, ce n'est peut-être qu'une question d'entraînement ? Disons... que vous n'y arrivez pas *encore*. Vous n'avez juste pas suffisamment pratiqué cette compétence. (Souvenez-vous, le talent, c'est surtout un apprentissage, presque un état d'esprit !)

Nous voici donc arrivés dans la partie dédiée au développement de vos compétences techniques. Tous les outils présentés dans ce chapitre vous aideront à vous améliorer de manière concrète. Apprendre à repérer les faiblesses dans les œuvres des autres vous habituera à les éviter intuitivement dans vos propres manuscrits, tandis qu'étudier leurs forces vous permettra d'approfondir votre technique ! Vous plongerez ainsi au cœur des rouages qui composent les histoires afin de devenir meilleur, et vous goûterez à la motivation que cela procure !

Dramaturgie ou narratologie ?

Il y a des gens qui pensent que réussir à écrire un roman, c'est avoir un don divin, que les *règles*, c'est de la merde, ou que c'est Hollywood (et *donc* que c'est de la merde), ou que ça ne sert à rien, ou que c'est trop vu et revu... Ne serait-ce pas oublier l'Histoire ? Oui, celle avec un grand H. Avant, on avait un truc sympa qui s'appelait la narratologie. Savez-vous ce que c'est ?

La narratologie est arrivée en France en 1928, notamment grâce à la traduction de *Morphologie du conte* de Vladimir Propp, et *Technique du métier d'écrivain* de Victor Chklovski (d'ailleurs réédité en 2020). Ces deux théoriciens de la littérature et écrivains russes ont commencé par étudier le folklore de leur pays, afin de comprendre les structures narratives des textes littéraires et des contes oraux. Beaucoup plus loin dans le passé, Aristote écrivait sa *Poétique*, ouvrage analysant la tragédie et l'épopée, qui mentionnait déjà les unités d'action, les péripéties, les retournements de situation et ce que l'on appelle maintenant la suspension consentie de l'incrédulité.

La dramaturgie d'aujourd'hui n'est donc que la synthèse de la narratologie d'hier, assortie des ajouts et ajustements propres l'évolution de n'importe quel domaine d'étude. La narratologie a analysé les techniques employées par les conteurs depuis des siècles, relevé les similitudes, les différences, puis compris ce qui mettait les personnages ou les scènes en valeur. Ces résultats ont ensuite été listés, synthétisés et regroupés pour faciliter l'apprentissage des auteurs modernes, et la dramaturgie est née. Les techniques littéraires ne sont donc pas des recettes inventées pour écrire un bon roman, ce sont celles qu'on a extraites des œuvres qui marchaient en leur temps. La narratologie étudie ce qui existe déjà, la dramaturgie explique comment le reproduire.

Toutefois, leur objectif diverge, car si la dramaturgie favorise la rapidité d'apprentissage des règles, seule la narratologie donne des clés pour comprendre leur intérêt. Leur complémentarité se vérifie assez facilement, ne serait-ce que dans la structure d'une histoire. Par exemple, si l'on imagine deux collègues enquêteurs de police, dont l'un travaille en secret pour la mafia locale, nous avons déjà deux techniques de dramaturgie : l'ironie dramatique (un personnage et le lecteur savent quelque chose qu'un autre personnage ignore), et la notion de préparation/paiement (une fois le contexte mis en place, le lecteur attend impatiemment la réaction du personnage qui apprendra la trahison). Une idée vue et revue, réadaptée des milliers de fois, mais qui contient déjà deux règles intrinsèques de dramaturgie ; elles sont là qu'on le veuille ou non. La narratologie oriente ensuite l'auteur qui voudrait éviter de louper son effet ou rendre sa technique plus efficace. Quand la dramaturgie aide à définir le « quoi », la narratologie s'intéresse au « comment ». Tout auteur qui souhaite s'améliorer aura donc indubitablement besoin des deux !

Étudier la dramaturgie

Même si je répète qu'il ne faut pas vous prendre la tête avec ça dès le début, à un moment donné, ça peut quand même vous aider. Je vous conseille juste d'y aller doucement pour éviter l'overdose, sinon ça sera contre-productif.

La plupart des ouvrages et des formations qui existent en écriture synthétisent les apprentissages d'auteurs qui ont eux-mêmes galéré durant des années pour en arriver à leur niveau de compétence actuel. Certains auteurs et/ou formateurs ont eu l'occasion de suivre un cursus littéraire, une formation en écriture créative ou cinématographique.

Mais pas tous. Vous trouverez parmi les ressources destinées aux jeunes auteurs des ouvrages et des formations montées par des auteurs auto-édités, qui se sont formés en autodidactes et transmettent ainsi leurs connaissances acquises durant plusieurs années. Et quand on y regarde de plus près, beaucoup de ces ressources répètent les mêmes préceptes, conseils, règles.

Tous ces auteurs ont raison, puisque les conseils répétés ont été depuis longtemps testés et approuvés. Néanmoins, il n'y a jamais qu'une seule façon de faire. Fuyez les gourous qui survendent leur méthode miracle avec de belles promesses. En vrai, la meilleure méthode, pour vous... c'est celle que vous vous construirez petit à petit, en vous inspirant de celles des autres (parce qu'il faut bien commencer quelque part, oui). Donc n'hésitez pas à commencer avec les techniques qui vous parlent, puis à évoluer. Vous comprendrez par vous-même, au fur et à mesure de votre travail, ce dont vous avez vraiment besoin.

Maintenant : quoi choisir, par quoi commencer ? (après votre ouvrage ici présent)

De nos jours, beaucoup d'auteurs sont encore en situation précaire, qu'ils soient étudiants, jeunes actifs ou même retraités. Écrire sans avoir un autre travail à côté est pratiquement impossible. Difficile, dans ces conditions, de réserver du temps et un budget conséquent à ce projet fou d'écriture. Heureusement, il existe divers types de ressources gratuites et payantes :

– *Les articles Internet et les forums d'auteurs* : gratuits, simples et pratiques quand on débute. Il faut toutefois du temps, car ça demande de fouiner pas mal sur les blogs d'auteurs et de scénaristes, les pages de conseils, les avis de lectures, les forums, les réseaux sociaux. Mais vous pouvez vous constituer une base de données de liens, regrouper dans un dossier tout ce qui vous parle, puis relire tout cela régulièrement, et compléter dès que possible. Échangez aussi avec les autres auteurs à propos des méthodes d'écriture, il en ressort souvent des conseils intéressants et des avis sur les ouvrages de référence ou les formations en écriture. En vérité, les ressources gratuites sont une source d'apprentissage illimitée et inestimable. Cela permet de varier les conseils et les points de vue afin de se forger plus rapidement sa propre méthode de travail.

[Au tout début de ma vie d'autrice, je me suis constitué un dossier avec une liste de sites à consulter et des pages de conseils glanés ici et là. Que ce soit dans les articles ou les sujets de forum, on trouve vraiment des pépites ! Je m'en suis servi pour nourrir mes premières histoires, et surtout pour mieux les préparer avant l'écriture.]

– *Les livres de référence* : si vous intégrez des communautés d'auteurs, vous verrez qu'il y a plusieurs noms qui reviennent souvent : John Truby, Yves Lavandier, Blake Snyder, Orson Scott Card, Jean-Marie Roth, Robert McKee, Joseph Campbell, Syd Field, Christopher Vogler. Leurs ouvrages pratiques sont connus, intéressants et complets, en matière de techniques d'écriture. D'autres, écrits par des auteurs comme Stephen King, Elizabeth

George ou Terry Brooks, apportent plutôt un témoignage et une vision captivante du métier, ainsi qu'une touche de méthodologie. Parmi les ouvrages français récents qui commencent à se démarquer, on note aussi *Comment bien raconter des histoires ?* de Morgane Stankiewiez, et *Comment écrire de la fiction ? : rêver, construire, terminer ses histoires* de Lionel Davoust. Niveau budget, les plus gros ouvrages montent dans les 30-35 € (fuyez les versions d'occasion vendues à prix d'or !), et on descend jusqu'à certains e-books ou livres de poche à moins de 10 €.

Notez qu'acquérir deux ou trois ouvrages est conseillé pour obtenir une vision plus large des techniques et mieux les comprendre. D'ailleurs, les ouvrages orientés vers l'écriture de scénario seront autant une aide que ceux dédiés à l'écriture de roman, la construction des histoires restant très similaire entre ces deux professions. Et s'ils se répètent en partie, tous ces ouvrages offrent une certaine complémentarité dans leur traitement et sont suffisants pour apprendre les bases de l'écriture.

[Personnellement, j'ai commencé avec *L'anatomie du scénario* de John Truby, puis j'ai développé ma phase de préparation de roman en y mêlant des techniques de Lavandier, ainsi que d'autres croisées sur des articles Internet. Je me suis mise aux bouquins techniques quand j'ai senti que j'avais besoin de plus de structure dans mes histoires, notamment dans leur préparation, puisque je fais partie des auteurs architectes.]

– *Les plateformes sociales et collaboratives* : ce concept très récent se développe principalement depuis 2020, et il s'agit de proposer un abonnement mensuel aux auteurs en échange de cours en lignes, de listes de ressources, de forum, de coaching, etc. Ce sont donc des plateformes qui allient la formation à l'aspect social, tout au long du processus d'écriture, parfois même jusqu'à l'édition. Ici, on monte sur une tranche tarifaire entre 30 € et 100 € par mois, en fonction des plateformes et des formules proposées. Notez que l'alimentation constante de ce type de plateforme rend plus difficile l'arrêt de l'abonnement (ça réveille votre biais d'aversion à la perte). Pensez à budgétiser votre année pour vérifier le coût réel à long terme.

– *Les stages et formations* : de nombreux auteurs et scénaristes s'y mettent, en ligne ou en présentiel, souvent on appelle aussi cela des *masterclass*. La plupart regroupent des connaissances de base et sont le fruit de l'expérience du formateur. Il s'agit donc de faciliter l'apprentissage des jeunes auteurs. Jeter un œil aux programmes permet de constater qu'il existe de nombreuses thématiques de formation : structurer son récit, créer les personnages, trouver son style, s'autopublier, gérer la communication d'auteur, etc.

On trouve des stages et formations courtes entre 50 € et 200 €, généralement pour une à trois heures de contenu, mais certains formateurs proposent également des accès plus complets (avec plusieurs modules, du coaching régulier, des bêta-lectures, un soutien vers l'édition) ou des formations en un an, dont le coût peut monter jusqu'à plus de 1 000 € tout compris. Les cursus universitaires (licence, master, etc.) commencent à émerger, en France, mais il en existe encore davantage dans les pays anglophones. En tout cas, pensez à vérifier le nombre d'heures réel de contenu, car les formations sur plusieurs semaines ou plusieurs mois ne sont pas forcément à temps plein.

[J'ai eu l'occasion de tester des modules à *L'école d'écriture 2.0* de Cécile Duquenne, et même après plusieurs années d'écriture, j'ai ainsi pu compléter mes connaissances avec des techniques intéressantes. Je trouve que les formations sont utiles autant pour débuter que pour combler des lacunes chez les auteurs confirmés. Si vous n'avez pas un gros budget en commençant votre premier roman, gardez cette possibilité d'évolution pour plus tard, votre sixième roman n'en sera que meilleur (si vous arrivez jusque-là) !]

Concrètement, choisir ses ressources d'apprentissage dépend beaucoup du budget annuel que chaque auteur peut y mettre. C'est pourquoi il existe également de nombreuses communautés d'auteurs, de partage et d'échanges, qui permettent à chacun de dépenser plutôt du temps pour apprendre, certes plus lentement, mais de manière plus nuancée et surtout de s'entraîner à la pratique.

Donc pour apprendre à mieux dépenser votre temps, rendez-vous à la page suivante…

Comment analyser une histoire ?

Au début, on peut avoir l'impression que c'est difficile, qu'il y a un risque d'échec. Mais il faut bien commencer quelque part. Alors, peut-on considérer que vous avez échoué, si vous avez appris quelque chose ? Peut-on échouer en donnant simplement son avis de lecteur ?

Même si la subjectivité n'est pas l'objectif de la bêta-lecture, elle reste la base de toute analyse. Parce que le seul résultat qu'on attend d'une histoire est de faire vibrer le lecteur, d'agiter ses émotions dans tous les sens. Ainsi, on plonge au cœur de sa subjectivité, qu'on le veuille ou non.

Pour cette raison, chacun est légitime, chacun a le droit de donner son avis. On ne décide jamais d'aimer un film ou de s'ennuyer sur un roman... on le ressent ! En vrai, on subit l'émotion. La première impression est donc toujours authentique et impossible à falsifier. On peut seulement la faire évoluer en analysant l'histoire de manière consciente, par la suite. Vous savez, quand un ami vous donne envie de regarder un film une seconde fois grâce à son avis éclairant et différent du vôtre. Dans les échanges de commentaires entre amis, personne n'a raison et personne n'a tort. Chacun a reçu l'œuvre avec ses propres émotions, son vécu, son état d'esprit, ses croyances.

Malgré tout, c'est mieux quand on peut éviter des critiques négatives ! Et c'est là où apprendre à localiser les faiblesses d'une histoire devient intéressant. Avec l'habitude, on finit même par repérer les ficelles de chaque histoire en filigrane sans même les chercher…

Toutes les analyses en valent la peine. Sur toutes les œuvres : de celles que vous adorez à celles que vous détestez. En particulier sur les romans, les nouvelles, les films et les séries. Ces quatre supports sont idéaux car ils reprennent souvent des constructions similaires. L'objectif n'est pas d'analyser uniquement des œuvres « standardisées » au schéma hollywoodien, mais bien de viser large. Dans tous les cas, vous trouverez des navets, des pépites de perfection, des ovnis inclassables. Osez, et vous apprendrez. Jonglez entre les analyses de films et de romans, testez une série de temps en temps. De cette manière, vous finirez par comprendre intuitivement les *trucs* qui fonctionnent et ceux à éviter, et vous apprendrez à mieux travailler avec en tant qu'auteur.

Voici deux méthodes douces de narratologie pour commencer, puis deux méthodes plus avancées pour vous aider à travailler l'analyse des histoires qui vous entourent. Si vous voulez débuter simplement : choisissez un film que vous n'avez pas vu, prenez de quoi noter et lancez-vous !

✒ *Le ressenti* : les émotions étant la base de tout, c'est l'objectif ultime vis-à-vis du lecteur ou du spectateur : lui faire ressentir quelque chose de fort ! À ce titre, vous pouvez donc commencer par vous faire confiance. Durant le premier visionnage de votre film, écoutez vos émotions, notez régulièrement ce que vous aimez et ce que vous n'aimez pas. Dressez deux listes. Ensuite, re-visionnez le film et arrêtez-vous à chaque scène pour chercher l'élément qui déclenche votre ressenti. Réfléchissez-y le temps qu'il faut puis notez ce qui vous vient, développez pourquoi vous aimez ou détestez chaque point. Quelles caractéristiques, quelles particularités, quelle émotion ça fait naître en vous exactement... Même si le résultat vous semble partiel, c'est le début de votre analyse, et vous pourrez revenir l'approfondir plus tard.

Lorsque vous souhaiterez offrir à cette technique un niveau d'analyse supplémentaire, il suffira de diviser votre tableau en plusieurs grandes catégories : structure, intrigue, univers, personnages, style. Pour ce dernier point, il s'agira du style d'écriture si vous analysez un roman, ou de tout ce qui englobe la mise en scène, le cadrage, le montage et la musique si vous regardez un film ou une série. Dans chacune de ces catégories, vous pourrez alors lister les points de l'œuvre que vous aimez et ceux que vous n'aimez pas, afin de les analyser un par un comme indiqué ci-dessus.

Le découpage en catégories vous incitera à y réfléchir plus largement, d'autant plus pour remplir celles qui le seraient moins au premier abord. Il est possible, ainsi, que vous commenciez à remarquer des résonnances entre les catégories : un élément de l'univers qui influence un personnage, un style qui traduit la caractérisation du personnage, une structure liée à l'univers... Et surprise, vous voilà déjà à l'orée d'une analyse approfondie !

Exemple 1 : quand la tension retombe

Lorsqu'on lit une scène d'action où la tension augmente crescendo, puis qu'elle est soudain coupée par une description un peu trop grosse, la tension retombe. Pire : quand l'action reprend ensuite, ça peut demander quelques secondes d'adaptation pour raccrocher les wagons et se souvenir du début de la scène d'action. Tout cela éloigne les émotions, à la lecture, car la scène perd finalement son impact, coupée en deux par une baisse de tension. C'est une maladresse courante qu'on retrouve dans les films autant que dans les romans. Si vous n'arrivez pas à rester captivé du début à la fin de l'histoire, c'est que la tension retombe trop souvent et/ou trop fortement. Il est alors possible de chercher les scènes responsables de cet écueil et quelles sont leurs faiblesses (longueurs, manque de surprises, répétitions, etc.).

Exemple 2 : la minutie des détails de l'univers

Parfois, on s'émerveille devant une histoire au cadre très détaillé, et ce n'est pas anodin. Beaucoup d'entre elles parviennent à instaurer un univers marquant, présentant un système de symboles et d'éléments qui se rapportent à l'ambiance ou au genre souhaité. Si c'est du steampunk, on sait d'avance qu'on y retrouvera des machines à vapeur, des mécaniciens, des outils, des gadgets improbables. Si on est dans le gothique, bonjour les dentelles noires, les taches de sang, les bougies, les costumes victoriens, l'architecture gothique ou baroque. Le genre historique regorge aussi de détails parlants, fruits de leur époque : les décors et les tenues seront différents, selon que l'intrigue se situe à la Renaissance ou dans les années 80. N'hésitez pas à lister tous les éléments qui composent chaque ambiance, et la façon dont ils s'imbriquent les uns avec les autres. Y a-t-il des mélanges surprenants, des détails spécifiques ? Souvent, c'est tout ce réseau si bien agencé qui provoque l'émerveillement face à ces univers riches en détails.

Exemple 3 : la surprise trop surprenante

Imaginez : vous suivez tranquillement l'histoire d'un personnage, puis, soudain, on bascule sur un autre personnage. Juste pour une ou deux scènes, de manière inattendue. Pour les besoins du scénario, bien évidemment, pour apporter des informations utiles à l'intrigue. Mais lorsque cela arrive en plein milieu d'un roman ou d'un film, ça coupe l'immersion, et ça peut laisser un arrière-goût de « trop peu » quand ces changements sont des épisodes très courts et/ou éparpillés dans l'histoire. L'équilibre installé depuis le début est brisé. Ce type d'artifice a beau être pratique pour les auteurs, encore faut-il qu'il s'intègre bien à l'histoire...

✒ *Le « pourquoi-comment »* : pour creuser votre ressenti et l'analyse des techniques narratives, deux questions s'avèrent utiles. « Pourquoi ? » et « Comment ? »

Chaque élément de l'histoire doit être développé de manière intéressante et crédible. Si vous ne trouvez aucune réponse à ces deux questions, c'est qu'il y a un risque de faiblesse scénaristique. On différenciera :

– Les questions qui amènent des <u>réponses simples</u> :

Pourquoi le personnage ment ? Réponse : parce qu'il a peur qu'on découvre son secret.

Comment la machine fonctionne-t-elle ? Réponse : à l'électricité.

– Les questions qui amènent des <u>réponses complexes</u> :

Pourquoi le personnage se met-il soudain en colère ? Réponse : parce qu'il réprime sa culpabilité depuis des années, et avec le temps elle s'est lentement transformée en colère sans que le personnage en ait conscience, les événements bouleversants de l'histoire font donc rejaillir toute cette tension de manière brutale.

Comment la machine fait-elle pour trier les différentes données qu'elle reçoit ? Réponse : explication d'un processus scientifique plus ou moins développé, selon le degré de réalisme et de détail voulu par l'auteur de l'histoire.

Les *réponses simples* devraient toutes se trouver dans l'histoire, les *réponses complexes* pas forcément, tout dépendra des besoins de l'intrigue. Ce qui est intéressant, avec ces questions, c'est surtout d'évaluer si les réponses fournies sont convaincantes, mais aussi de regarder s'il manque des réponses là où l'on en attendait. À noter qu'on peut enchaîner les « Pourquoi ? » et les « Comment ? » sur les réponses obtenues, c'est souvent ainsi que l'on finit par obtenir des *réponses complexes*. Dans tous les cas, ces deux questions s'avèrent efficaces pour vérifier le bon développement des personnages et de l'univers, ainsi que la crédibilité de l'intrigue.

Astuce d'auteur : l'absence de réponse n'est pas une fatalité si l'on sent qu'elle est souhaitée par l'auteur, soit dans le but de faire ressentir une émotion particulière au lecteur, soit parce qu'il y répondra plus tard. Il existe alors un artifice utile et pratique : donner à l'un des personnages l'interrogation que se posera votre lecteur. C'est une manière détournée de signaler au lecteur : *regarde, je ne réponds pas à cette question mais je sais que tu attends la réponse et je la donnerai plus tard.*

Exemple 1 : le deus ex machina, aussi appelé « *Ta gueule, c'est magique !* »
Situation : un artefact magique permet de localiser quelqu'un, indiquant dans quelle partie du pays se trouve cette personne.

– *Comment fonctionne-t-il ? Réponse simple : grâce à une formule magique.*

– *Comment l'artefact sait-il où se trouve sa cible ? Réponse simple : grâce à un cheveu de la personne à localiser, glissé à l'intérieur de l'artefact.*

>> Une histoire qui ne répond pas à ces questions risque de se retrouver avec un objet magique qui dit aux personnages « le scénario, c'est par là ». On peut rarement tout expliquer, mais il y a toujours une juste mesure à trouver pour éviter qu'un élément de l'intrigue ait l'air de tout faciliter comme par enchantement. Sur ce type d'exemple, le fait de savoir « comment ça marche » permet aussi de créer des difficultés qui enrichiront l'histoire, comme rendre le personnage qui connaît la formule

amnésique, ou monter une mission pour récupérer le cheveu.

Exemple 2 : le personnage qui agit juste parce que ça arrange l'histoire (et donc l'auteur)

Situation : un personnage qui travaille en équipe couvre une faute, puis trahit ses collègues en la révélant, alors qu'ils étaient tous d'accord sur le fait que la faute en question n'était pas grave.

– Pourquoi le personnage a-t-il couvert la faute, en premier lieu ? Réponse simple : un collègue lui a fait du chantage.

– Pourquoi le personnage a-t-il changé d'avis ? Réponse complexe : couvrir la faute l'empêchait d'accéder à une promotion, alors qu'il a besoin d'argent pour régler les frais médicaux de sa fille gravement malade, et en y réfléchissant, il a décidé que sa fille comptait davantage pour lui que le fait d'être apprécié par ses collègues.

>> Si les personnages agissent n'importe comment sans raison, l'histoire n'a plus aucun sens. Un bon personnage est comme une vraie personne, il a des défauts, des qualités, des peurs, des besoins, des motivations, etc. Donc ici, on a besoin des réponses pour donner du sens à l'histoire et aux actions du personnage. À noter que j'ai mis une *réponse complexe* à la seconde question, mais cela aurait aussi pu être une *réponse simple* comme « il a eu peur de perdre son travail ». Néanmoins, les *réponses complexes* apportent généralement davantage d'intérêt et d'émotions, puisqu'elles nourrissent l'intrigue.

Exemple 3 : personnage creux ou personnage profond ?

Situation : un chevalier se démène pour libérer des enfants retenus prisonniers chez l'ennemi.

– Pourquoi le chevalier souhaite-t-il effectuer cette mission ? Réponse simple : pour devenir un héros.

– Pourquoi veut-il devenir un héros ? Réponse simple : pour prouver sa valeur et sa force.

– Pourquoi veut-il prouver sa valeur et sa force ? Réponse simple : pour que ses parents soient fiers de lui.

– Pourquoi veut-il que ses parents soient fiers de lui ? Réponse simple : parce qu'ils l'ont toujours traité de « bon à rien ».

– Pourquoi ses parents l'ont-ils traité de « bon à rien » ? Réponse simple : parce qu'ils étaient déçus d'avoir un fils chétif et maladroit.

>> Voici un exemple de ce que je disais sur le fait d'enchaîner les « Pourquoi ? » et/ou les « Comment ? » à partir des réponses obtenues. On recueille ainsi une succession de questions et de *réponses simples* qui permettent notamment de vérifier le développement d'un personnage, d'un univers ou d'une situation. Ce sont alors toutes ces *réponses simples* qui forment, ensemble, une *réponse complexe* intéressante.

Exemple 4 : le décalage, à utiliser comme outil

Situation : un personnage rit aux éclats suite à la mort d'un de ses amis.

– Pourquoi rit-il ? Aucune réponse, on ne sait pas.

– Pourquoi n'est-il ni triste ni en colère ? Aucune réponse, on ne sait pas.

– Comment les autres personnages présents réagissent-ils à son rire ? Réponse simple : ils sont choqués, l'un d'eux lui demande pourquoi il rit.

>> Ici, on est dans une scène propice à l'astuce mentionnée plus haut : on peut montrer la réaction ahurie ou choquée des autres personnages sans pour autant expliquer pourquoi le premier rit. S'il n'y a aucun témoin, on peut laisser la scène sans l'expliquer, et c'est le décalage entre la situation dramatique et la réaction anormale du personnage qui crée un sentiment de malaise ou d'incompréhension. Certaines questions sans réponse peuvent ainsi induire des émotions précises chez le lecteur ou le spectateur, quand on les utilise à bon escient et aux moments clés. (Mais il faudra tout de même y répondre plus tard, hein !)

Note : la technique du « *pourquoi-comment* » sera aussi très efficace pour vérifier vos manuscrits ou vos idées, en tant qu'auteur. Pensez-y !

Attention à la suspension consentie de l'incrédulité...

Parce que certains auteurs et certains lecteurs diront qu'on s'en fiche... du réalisme. Ils ont à la fois tort et à la fois raison. Quand on écrit une histoire, on met en place ce qu'on appelle la *suspension consentie de l'incrédulité*, c'est-à-dire que le public accepte que tout ne soit pas parfaitement réaliste. L'histoire lui présente ses règles dès le début. Dans un univers de fantasy, on accepte l'existence des sorciers et les règles données par l'auteur. Par contre, ce dernier commence à bafouer ses propres règles, si les sorciers peuvent ressusciter n'importe quand ou lancer des sorts difficiles dès le collège. L'histoire perd alors tout son sens et toute sa tension. Les réponses aux questions « Comment ? » et « Pourquoi » sont censées donner du sens à l'histoire, l'enrichir pour la rendre plus intéressante. Elles renforcent également son cadre et sa cohérence interne. Si on oublie la moitié des *réponses simples*, l'histoire risque de paraître trop facile et de briser la *suspension consentie de l'incrédulité*, on a même plus envie d'y croire... l'histoire perd toute sa tension, son intérêt, et le public décroche. Parce que la suspension de l'incrédulité est un contrat passé avec le lecteur, briser sans raison ses règles établies revient littéralement à casser l'ambiance.

En tant qu'auteur, on a donc toujours un équilibre fragile à trouver en matière de réalisme. Et pour obtenir effectivement des lecteurs qui s'en fichent, il vaut mieux avoir bétonné tout le reste de l'histoire ou faire en sorte qu'ils évitent de se poser certaines questions. D'une certaine façon, on peut dire que ceux qui s'en fichent sont tombés dans le panneau : l'histoire était tellement réussie sur certains éléments qu'ils ont à peine vu ses faiblesses passer. Mais attention, pour un auteur, c'est toujours très risqué, car ça ne marche pas tout le temps !

✎ *Analyser avec Pareto (bis)* : puisqu'on peut l'utiliser dans un sens, cette loi fonctionne aussi dans l'autre ! La loi de Pareto appliquée à la bêta-lecture complète ici l'analyse détaillée au chapitre précédent. Grâce à ces deux facettes, on devient encore meilleur analyste de ses propres manuscrits et de ceux des autres ! Dans le même esprit, il s'agit donc, en relevant les faiblesses d'une œuvre, de vérifier s'il n'y a pas des regroupements, ou certaines faiblesses qui en causent d'autres (on rejoint aussi un peu l'exercice sur le ressenti, avec la répartition en grandes thématiques).

Cette technique s'avère plus intuitive que technique, elle s'appuie sur les deux précédentes afin d'entraîner et d'affiner sa réflexion. Elle aide à hiérarchiser les problématiques relevées durant l'analyse, de manière à trouver quels sont les 20 % de faiblesses à corriger pour améliorer 80 % du texte. À un certain niveau d'analyse et de compréhension de l'œuvre, on peut même commencer à noter une différence entre « problème perçu » et « problème réel », c'est-à-dire que la faiblesse qui saute aux yeux n'est peut-être que la conséquence d'une autre plus profonde ou différente.

Cas concret : j'ai eu en correction éditoriale plusieurs manuscrits où la tension ne cessait de monter puis chuter brusquement, en raison d'un manque d'enjeux et de danger sur le personnage principal. Au lieu de faire corriger chaque chapitre séparément pour travailler cet aspect, j'en ai cherché la cause. Les 20 % qui permettraient de corriger efficacement l'histoire.

Dans la plupart de ces manuscrits, j'ai arrêté mon analyse sur trois points :

– Le manque de motivation du personnage principal : des raisons d'agir trop faibles rendent l'objectif du personnage flou (voire moins intéressant), et cette faiblesse apparaît souvent comme un fil conducteur au problème de tension sur tout le long de l'histoire.

– Ses relations peu exploitées : puisque le personnage principal souffre de manques, les réactions de sa famille et de ses amis deviennent moins pertinentes, elles ont moins de force et provoquent donc moins de tension. (= conséquence, ce point découle du précédent)

– Une à deux scènes où le danger annoncé disparaît soudain : c'est-à-dire qu'elles perdaient leur efficacité en raison de leur traitement trop rapide et succinct (au lieu d'apporter de la tension en plus, là aussi). Ce point était rarement lié aux deux précédents, mais se situait sur des retournements de situation importants, et donc à ne pas négliger.

En ciblant ainsi, il devient possible de localiser les scènes à corriger, puis les ajustements utiles. Les auteurs de ces manuscrits avaient alors le choix entre pratiquer quelques corrections mineures juste pour combler les manques ou réécrire certaines scènes pour booster davantage la tension.

✎ *La méthode de la pince à épiler* : entre auteurs, on blague parfois sur l'idée de « sortir la tronçonneuse » quand une partie du texte présente des faiblesses ; cette fois, je vous propose l'inverse. Il s'agit plutôt de l'art de chercher la petite bête. L'expérience m'a montré qu'il suffit parfois de quelques mots pour plonger le lecteur dans l'incompréhension ou le contresens. Donc en trouvant ces quelques mots, quelques phrases, quelques paragraphes, on débloque tout ! (oui, on reste proche de la loi de Pareto...)

La technique est assez simple, en soi, mais peut demander de l'entraînement. Il s'agit, lorsque vous avez une impression persistante et diffuse, d'en chercher l'origine. La difficulté réside surtout dans le « diffuse », car localiser précisément ce qui brouille la compréhension de l'œuvre n'est pas toujours évident.

Exemples de problématiques : quelques mots suffisent à induire le lecteur en erreur sur le sens d'une scène ou sur la fonction d'un personnage ; notre esprit se focalise parfois inconsciemment sur une idée en oubliant le reste ; une idée importante est noyée dans le texte et n'est donc pas mémorisée à la lecture.

Quelques solutions : chercher les mots de vocabulaire lié au sujet qui vous embête (et les changer ou les retirer), chercher les expressions qui amplifient ou amoindrissent une idée (hyperboles, litotes...), vérifier s'il n'y a pas des métaphores ou des explications dont le sens peut être interprété autrement, vérifier si un sujet ne se situe pas trop loin de son action.

Note : cette technique est facile à expliquer avec des exemples de forme, mais un contresens peut vite avoir des répercussions sur la compréhension globale de l'histoire et l'impression générale du lecteur. Cette technique est surtout intéressante pour éviter d'éventuelles grosses corrections ou réécritures partielles : avant de sortir la tronçonneuse, pensez à la pince à épiler !

Cas concret : dans une histoire que j'ai eue en correction éditoriale, l'auteur entremêlait deux situations qui arrivaient à son personnage en même temps : une promotion professionnelle et son mariage. Au lieu de lui dire que c'était incompréhensible, j'ai cherché s'il n'y aurait pas un moyen simple de corriger, plutôt que de réécrire tout le début. Et je l'ai trouvé. En vérité, deux détails nuisaient principalement à la compréhension : une phrase qui avait besoin d'être reformulée et déplacée, ainsi qu'un mot à double sens. Techniquement, pour localiser ce qui gênait la compréhension, j'ai surligné les phrases qui parlaient de la promotion professionnelle puis celles du mariage d'une couleur différente. De cette manière, j'ai trouvé la phrase qui nageait entre les deux, ainsi que le mot à double sens dont je n'arrivais pas à déterminer s'il se rapportait à l'un ou l'autre des deux événements. On pouvait alors corriger efficacement sans réécrire tout le début de l'histoire.

Problème perçu ≠ problème réel

« Entre ce que je pense, ce que je veux dire, ce que je crois dire, ce que je dis, ce que vous voulez entendre, ce que vous entendez, ce que vous croyez en comprendre, ce que vous voulez comprendre, et ce que vous comprenez, il y a au

moins neuf possibilités de ne pas se comprendre. » – Bernard Weber

La communication en général est très difficile, parce que nous sommes remplis de préjugés, parce qu'on comprend de travers, parce qu'on a des difficultés à s'exprimer et à écouter. Il convient donc pour tout bêta-lecteur d'adopter la posture du doute !

Le bêta-lecteur a une vision unique de l'œuvre qu'il analyse, mais il ne détient pas la vérité. Parfois, même, il se plante lamentablement. Disons que vous êtes au bord d'un gouffre, et que l'auteur a son bureau tout au fond. Vous aurez quand même une meilleure vision de son travail si vous réduisez la distance qui vous sépare, non ? C'est ce qu'on appelle : prendre en compte l'intention de l'auteur. (oui, celle-là même dont on parle dans la compétence n°1 !)

✒ L'idée, c'est de réduire ce fameux gouffre entre la vision de l'auteur et la compréhension externe du bêta-lecteur. Les questions de base qui vont donc revenir le plus souvent sont « Qu'est-ce que tu veux faire avec cet élément de l'histoire, et pourquoi ? » ou « Qu'est-ce que tu as essayé de faire ici, et pourquoi ? ». Travailler avec l'intention de l'auteur doit autant servir à améliorer ce qui peut l'être qu'à retirer le superflu (en toute connaissance de cause). Cette approche permet de constater que certaines problématiques apparues à la lecture n'en sont pas, et en ressort de nouvelles qui étaient invisibles au premier abord.

Donc lorsque l'auteur mentionne son intention, le travail du bêta-lecteur peut aussi consister à vérifier si ces aspects apparaissent bien à la lecture et s'ils sont suffisamment développés. Pour éviter au bêta-lecteur d'être biaisé, l'intention pourra alors être demandée à l'auteur après une première lecture. Si les auteurs n'ont pas toujours conscience de l'importance de leur intention, c'est pourtant la ligne directrice de l'histoire, ce qui lui confère son intérêt !

Ainsi, il arrive que les auteurs n'aient pas d'intention consciente. Ils écrivent pour divertir le public, pour raconter une bonne histoire... oui, tous les auteurs veulent ça. Parfois, c'est donc au bêta-lecteur de pointer à l'auteur quel message son texte véhicule malgré lui, pour vérifier si c'est bien ce qu'il souhaite. Par exemple, l'histoire n'aura pas le même sens ni la même morale, selon que le méchant meurt ou gagne à la fin. De même, si un effet dans le texte semble raté, c'est peut-être juste l'auteur qui a loupé ce qu'il voulait faire. Ici aussi, la faiblesse ne se trouve pas forcément où on le pensait en premier lieu, et en discuter avec l'auteur permet d'éclaircir les mécanismes du récit. Il faut vraiment se méfier des problématiques trop faciles à localiser ou à comprendre !

Exemple :

– Problème perçu : une scène paraît inutile.

– Explication de l'auteur : dans cette scène, il a voulu transmettre telle idée qui va dans le sens de son intention.

– Révélation du problème réel : on ne perçoit pas cette intention dans la scène.

Ce qui amène une nouvelle question : si on percevait cette intention, cela rendrait-il la scène intéressante ET indispensable ?

– Solution : retravailler le texte pour rendre l'intention de l'auteur plus perceptible, mais de manière à redonner à la scène l'utilité qui lui manque.

Comprendre ce que l'on admire

Au début, on aurait plutôt tendance à vouloir copier, ou du moins s'inspirer des œuvres devant lesquelles on reste béat d'admiration. C'est humain, c'est normal. On espère pouvoir faire pareil, arriver à un résultat aussi génial ; c'est notre besoin de reconnaissance qui parle, ici. Sauf que l'erreur consiste souvent à essayer de copier en se contentant d'une vision de surface. Quand analyser, c'est mieux…

Pour tous ces personnages si intéressants, ces intrigues si bien ficelées, ces univers riches en détails, il y a heureusement des mécanismes sous-jacents qui font que ça fonctionne, et qu'il est possible d'analyser au même titre que les faiblesses de scénario.

🖋 Donc on reprend ici la méthode du pourquoi-comment, qui est aussi valable pour comprendre « pourquoi ça marche » :

– Vous aimez un personnage : analysez son caractère, son passé, ses actions, ses réactions, son évolution, ce qui fait qu'il est gentil ou méchant ou nuancé. Déterminez quelles scènes vous touchent le plus et pourquoi.

– Vous aimez l'intrigue : analysez les surprises, les retournements de situation, les complots, les éléments qui font avancer l'histoire, ceux qui la retardent. Découpez l'intrigue en arcs pour mieux comprendre son évolution. Détaillez son plan s'il le faut.

– Vous aimez l'univers : contemplez tout ce qui gravite autour des personnages. Les décors dans lesquels ils évoluent, les couleurs, l'agencement des lieux, les vêtements, les objets du quotidien, sans oublier les nombreux détails qui rehaussent tout cela ! Ensuite, trouvez les plus importants, ceux sans lesquels l'histoire deviendrait bien fade.

– Vous aimez le style d'écriture : prêtez attention au niveau de langue, au vocabulaire et au lexique choisi, aux figures de style, au ton de la narration, au rythme des phrases, à la focalisation employée. Cherchez ce qui fait le sel de cette écriture en particulier.

– Vous aimez la structure de l'histoire : analysez sa construction au niveau de la forme du texte et de son style d'écriture. L'histoire est-elle écrite de façon linéaire, chronologique ? Y a-t-il un schéma de construction qui revient régulièrement ou qui se développe du début à la fin ? Comment se déroule la gestion des points de vue ?

Comme on l'a dit plus haut, le talent se construit. Il est la somme de vos connaissances théoriques, de votre maîtrise des techniques (acquise grâce à l'expérience), et de votre personnalité d'auteur (votre façon personnelle d'utiliser les techniques). L'émerveillement que l'on ressent face à une histoire signifie qu'elle est réussie au point de faire oublier au public qu'elle est uniquement constituée de techniques finement développées et imbriquées les unes aux autres. Lorsque les éléments que vous admirez se situent dans plusieurs catégories (personnages, intrigue, univers...) et qu'ils se complètent, c'est ce qui fait les meilleures œuvres, les plus équilibrées. Il n'y a jamais rien de magique, on peut toujours disséquer la perfection pour comprendre ses rouages. La seule chose inimitable restera la maîtrise de l'auteur, car parvenir à ce niveau d'équilibre peut demander des années d'expérience.

L'analyse d'œuvre est souvent difficile, au début, et personne ne peut sûrement prétendre la maîtriser à la perfection. L'appréciation comprend toujours une part de subjectivité, car chaque lecteur possède sa propre sensibilité. Ce qui vous gêne dans une œuvre sera peut-être apprécié par d'autres personnes. Ou inversement, ce que vous aimez, d'autres pourraient le critiquer. L'important, c'est que votre avis se base le plus possible sur des exemples objectifs ; c'est-à-dire qu'il soit possible de pointer des éléments et plusieurs façons de les améliorer pour rendre l'histoire et ses effets encore meilleurs.

Dans tous les cas, l'analyse d'œuvre permet de mémoriser inconsciemment les schémas narratifs, afin de les reproduire ou de les éviter. C'est une source d'apprentissage pratique inestimable, où chaque œuvre est une pépite de techniques à analyser. C'est un vrai chemin vers la professionnalisation des compétences d'auteur. Un chemin qui pourra donc ensuite mener vers l'édition, cette étape qui, loin d'être une fin en soi, constitue plutôt un palier de plus vers la compétence et la reconnaissance... comme vous pourrez le voir dans le chapitre suivant !

Et après...

Raviver la flamme VII : continuer à se former

Vous avez déjà appris des autres. Que ce soit de manière volontaire ou inconsciente. Cela dit, peut-être que vous souhaitez approfondir vos capacités d'analyse ou votre compréhension des techniques d'écriture ? Avoir de nombreuses années d'écriture derrière soi ne signifie pas que l'on connaît déjà tout. Et même si l'on connaît de nombreuses techniques, de là à les maîtriser... il n'y a jamais qu'un seul pas.

Suite à l'encadré précédent, vous devez aussi avoir une bonne idée de vos forces et faiblesses, et de vos manques et des besoins à combler dans vos compétences. Voici donc de quoi vous aider à vous améliorer, que ce soit pour entraîner les bases ou chercher des approfondissements :

✒ Avez-vous déjà suivi une formation sur les techniques littéraires, ou bien des masterclass, ou lu des guides pratiques, des articles ? Dressez donc une liste avec les noms et dates des apprentissages suivis, ainsi que ce qu'ils vous ont apporté, en quoi ils ont amélioré vos histoires. Y a-t-il dans ces formations des éléments sur lesquels vous avez toujours des lacunes ? Y a-t-il également des exercices ou conseils que vous n'avez pas encore essayés ? Retrouvez vos notes ou vos accès à ces informations, si possible, vous pourrez ainsi les exploiter de manière plus approfondie. (Avant de découvrir de nouvelles ressources, autant exploiter à fond celles que l'on possède déjà, non ?)

✒ Si vous pensez que vous en manquez ou que vous ne l'avez pas encore fait, potassez donc des ouvrages de référence en techniques d'écriture ou inscrivez-vous à des masterclass. Vous y trouverez peut-être quelques perles pour magnifier vos manuscrits. Parfois, il suffit d'une petite technique bien placée pour changer toute l'émotion d'une scène. Il n'y a jamais besoin d'appliquer tout un tas de préceptes, juste de choisir ce qui vous parle.

✒ Les vieilles techniques que vous utilisez depuis des années sont-elles encore adaptées aux romans que vous écrivez aujourd'hui ? Vous avez probablement évolué en tant qu'auteur, et vous avez appris à maîtriser certaines techniques. Mais si vous avez appliqué inconsciemment vos connaissances, manuscrit après manuscrit, il est possible que vous subissiez un décalage, et que vous ne vous sentiez plus en phase avec ces techniques d'écriture. Il est possible que votre éventuel blocage provienne de là, que vous vous forciez à écrire avec de vieilles techniques mal adaptées à ce que vous souhaitez écrire maintenant. N'hésitez pas à y songer. Peut-être que vous avez juste besoin de trouver ce qui convient mieux à vos projets actuels ?

✒ De quelle manière avez-vous travaillé vos lacunes, au fur et à mesure de vos projets, ces dernières années ? Si vous ne l'avez pas encore fait, ne serait-ce pas le moment de s'en occuper ? Prenez le temps d'analyser ces faiblesses et surtout de chercher leur origine. Pourquoi reviennent-elles, au juste ? Qu'est-ce qui manque à vos techniques d'écriture pour les effacer ? Pensez surtout à vous entraîner à les corriger et à écrire de meilleures scènes sur ces points précis.

Et en survolant un peu tout ce chapitre, trouvez-vous des techniques d'analyse que vous n'avez pas encore eu l'occasion d'essayer ? Si c'est le cas, je vous encourage à la pratique, cela pourrait vous aider à compléter votre liste établie ci-dessus et ouvrir votre compétence à de nouvelles techniques d'écriture. N'hésitez pas à vous entraîner ! Mais sans stress. Rappelez-vous : vous le faites parce que vous aimez écrire. Votre envie d'évoluer doit être portée par votre passion !

À partir d'ici, après avoir travaillé sur tous ces encadrés, vous devriez vous sentir un peu plus léger et rassuré par cette longue mise au point avec vous-même. Comme si le ciel s'était progressivement éclairci.

Toutefois, vous savez qu'il manque encore une étape au processus. Dans l'encadré suivant, nous passons donc du côté édition, parce que le travail éditorial est aussi une potentielle source de blocage...

Renvois au chapitre :

– Chapitre entier pour glaner des techniques d'analyse à tester, voire pour essayer ou approfondir la bêta-lecture.

Compétence cachée n°7 :

*Affronter la
correction éditoriale*

Après la bêta-lecture et vos corrections, le manuscrit finit par être prêt, non ?

C'est le moment où trois choix s'offrent aux auteurs : garder le texte pour soi-même et son cercle proche, l'auto-édition ou la publication traditionnelle. Si vous choisissez la première option, vous avez le droit de juste savourer le résultat de votre travail. Si vous allez plutôt vers la seconde, je vous renvoie aux ouvrages pratiques spécialisés, il en existe de plus en plus.

Par contre, si vous choisissez la dernière option, je vous recommande de bien vous renseigner sur les différents types de contrats d'édition. Vous trouverez de nombreuses informations sur Internet, à ce sujet. Je me contenterai donc d'un seul rappel fondamental : les *vrais* éditeurs vous payent pour votre travail, via l'à-valoir et les droits d'auteur. Et c'est tout. Un « éditeur » qui vous demande un paiement est en fait un prestataire de services, vous serez donc son client. Choisissez en connaissance de cause, il y a beaucoup de prestataires aux conditions ambigües ou trompeuses !

Mais l'éditeur ne fait pas seulement peur à cause de ces questions de statut qui embrouillent les jeunes auteurs. La correction éditoriale est une étape qui pose beaucoup question, tant elle semble mystérieuse. Et détrompez-vous, se retrouver en plein milieu du processus n'offre pas toujours des réponses... De nombreux auteurs édités cherchent une façon d'affronter leur correction de manière sereine. Parce qu'un éditeur n'est pas un bêta-lecteur, il n'a pas le même recul, la même analyse, la même façon de procéder. Passer de la bêta-lecture aux corrections éditoriales peut s'avérer déroutant... et littéralement casser votre passion. Oui, et sans prévenir.

Ce sont mes propres expériences d'autrice et d'éditrice qui m'amènent à penser qu'un tel chapitre sera utile autant aux auteurs débutants qu'aux vétérans qui en auraient besoin. Comment apprivoiser la relation auteur-éditeur ? Comment prévenir ou dénouer les désaccords ? Édition rime avec pression, autant du côté de l'auteur soudain projeté dans le milieu professionnel, que pour l'éditeur qui travaille à la pérennisation de son activité. Les enjeux évoluent... mais comment y survivre ?

Gérer les refus des éditeurs

Je ne vais pas commencer par le plus agréable, mais cette première partie sera utile aux jeunes auteurs, qui trop souvent forgent eux-mêmes leurs propres déceptions...

Envoyer un manuscrit à un éditeur revient à proposer sa candidature pour un travail, c'est le même type de stress qui en découle... mais aussi la même finalité ! La plupart des éditeurs sont des entreprises et, à ce titre, privilégient les auteurs qui ont une démarche sérieuse et professionnelle ; c'est-à-dire les auteurs qui prennent connaissance de la ligne éditoriale, qui respectent les consignes d'envoi et qui évitent de se montrer désobligeants lors de la prise de contact.

Les éditeurs reçoivent tous plusieurs dizaines à plusieurs *centaines* de manuscrits par *mois* ! Ils n'ont donc pas le temps de tous les lire en entier, et pas le temps non plus de répondre personnellement à chaque auteur. Comme toute entreprise, un éditeur garde son temps précieux pour les partenaires avec qui il veut vraiment travailler.

Le tri des manuscrits n'échappe donc pas à cette recherche d'efficience. Les principales raisons qui font qu'un éditeur peut refuser un manuscrit sont :
– le non-respect des consignes d'envoi
– l'inadéquation à la ligne éditoriale ou aux genres édités
– une orthographe-grammaire-conjugaison défaillante
– une mise en forme « originale » qui est en fait illisible
– une thématique qui n'intéresse pas ou plus l'éditeur
– une histoire encore trop bancale ou mal ficelée

Les deux derniers cas sont légitimes, tous les autres peuvent être évités grâce à un travail en amont ou un meilleur ciblage des envois. Évitez-vous donc des déceptions et des désillusions grinçantes en prévenant ces refus inutiles. Vous ménagerez votre passion, gagnerez du temps et n'en ferez pas perdre aux éditeurs. En cas de doute sur la présentation de votre manuscrit, vous pouvez demander l'avis de vos bêta-lecteurs ou d'autres auteurs. Si besoin, confiez la correction orthographique à l'un de vos proches.

Par ailleurs, si vous craignez que le synopsis demandé par beaucoup d'éditeurs gâche la lecture de votre manuscrit, vous pouvez arrêter aussi : c'est tout le contraire ! Puisque la concurrence est rude entre les centaines de manuscrits reçus, c'est le synopsis qui permet souvent de choisir lesquels seront lus en entier. Un synopsis qui surprend l'éditeur en dévoilant des éléments intéressants, c'est donc un bon point : ça donne envie de lire le manuscrit ! Si vous avez un style particulier ou une approche « qui ne peut se lire que dans le manuscrit », parlez-en soit dans votre courrier/mail d'accompagnement, soit au début de votre synopsis. En quelques lignes, vous informez ainsi l'éditeur de vos intentions d'écriture. Par exemple, si vous mentionnez que l'histoire se déroule de manière antéchronologique, ça va attiser la curiosité de l'éditeur et démarquer cette histoire des autres. L'éditeur veut donc *tous* les spoilers, c'est ce qui lui permet de choisir quels manuscrits lire en priorité, mais aussi de commencer à évaluer la qualité de l'intrigue.

Je voulais faire ce point sur les envois aux éditeurs parce que ce sujet est source de nombreuses plaintes et déplaisirs qui pourraient être évités chez les jeunes auteurs. Rappelez-vous que le refus d'un éditeur est une belle porte d'entrée pour le sentiment d'échec et la dévalorisation de soi. Pour le bien-être de votre passion, évitez donc de leur offrir des motifs de refus sur un plateau, vous vous feriez plus de mal qu'autre chose !

Une fois ces premiers retours écartés, restent ceux qui blessent le plus. Les *vrais* refus, qui se basent donc sur une lecture partielle ou complète du manuscrit.

Nombre d'auteurs qui envoient leur manuscrit pensent qu'ils sont arrivés à une version de bonne facture, si ce n'est parfaite. Pourtant, les refus peuvent continuer à abonder. En effet, les éditeurs doivent faire des choix dans leurs piles à lire, et leur planning n'est pas extensible, il faut garder de la place pour les auteurs maison.

Néanmoins, il existe des astuces pour mettre votre projet en valeur : réécrire le résumé ou le synopsis, ajouter ou reformuler ses intentions d'écriture, préciser le genre, revoir la première page ou le premier chapitre du texte. Parfois, il s'agira juste de réviser ses outils de communication, donc tout ce que l'éditeur lira avant le manuscrit. Un bon synopsis ou la précision des thèmes de l'histoire peut avoir de l'impact.

Quoi qu'il en soit, la persévérance est la clé. Rappelez-vous que de nombreux romans célèbres ont reçu des dizaines de refus avant leur première publication :

– *Dune* = 19 refus
– *Twilight* = 14 refus
– *Harry Potter* = 12 refus
– *Sa majesté des mouches* = 20 refus
– *Autant en emporte le vent* = 38 refus

On raconte aussi que Stephen King a empalé toutes ses lettres de refus sur un clou pendant seize ans... jusqu'à ce que le clou disparaisse sous la masse ; que Bernard Weber a envoyé son premier roman à de nombreux éditeurs pendant six ans, recevant jusqu'à trois refus de son éditeur actuel avant qu'il l'accepte ; et que même Marcel Proust a fini par s'auto-éditer, face aux refus !

Une bonne persévérance va donc de pair avec un retravail du manuscrit. Dans de rares cas, certains éditeurs envoient un commentaire détaillé après la lecture (qui, parfois, manque de tact). Dans les autres cas, il convient de trouver un nouveau bêta-lecteur ou de prendre une pause de quelques mois avant de relire votre manuscrit. Profitez des interminables délais de réponse des éditeurs pour prendre du recul ou travailler sur un autre projet. En relisant votre manuscrit refusé après six mois ou un an d'attente, votre regard neuf vous éclairera sûrement sur les besoins de correction restants.

Et parfois, il suffit de tomber au bon moment au bon endroit. Vous pouvez attendre qu'une mode revienne ou renvoyer votre manuscrit deux ans plus tard. Ou bien, vous pouvez rendre visite aux éditeurs, en salons du livre, pour savoir ce qu'ils cherchent. Selon les évolutions du marché et les besoins de l'éditeur, la réponse pourra être complètement différente !

En vrai, l'attente devient plus facile quand on accepte que trouver un éditeur peut prendre plusieurs mois à plusieurs années, et qu'en attendant il vaut mieux continuer à travailler ses manuscrits pour les rendre meilleurs. Cela a été le cas pour de nombreux auteurs célèbres. L'édition est une étape du processus, un objectif, mais pas une fin en soi. C'est même plutôt le début d'une nouvelle aventure. Mais quelle aventure ?

Se préparer à la correction éditoriale

Si les auteurs appréhendent souvent le regard de l'éditeur, c'est parce qu'il induit la pression des corrections autant que de la relation professionnelle qui se joue. Les questions sont nombreuses, quand on commence à vouloir s'engager dans l'édition traditionnelle. Parmi elles, la correction éditoriale peut apporter son lot de craintes. Quand on manque de confiance en soi ou en son travail, on peut facilement se demander : *Quels seront les commentaires de l'éditeur ? Est-ce qu'il va bien comprendre le propos de l'histoire ? Va-t-il requérir des corrections que je ne souhaite pas ?* Et parfois, c'est vrai, la correction éditoriale s'avère moins joyeuse qu'on l'espérait...

La correction éditoriale peut littéralement casser votre motivation, celle que vous essayez d'entretenir tant bien que mal depuis des années. Il suffit qu'un éditeur vous dise tout à coup « il faudrait couper ce chapitre car il ralentit la tension » et hop, c'est la dégringolade.

Vous vous souvenez de cette anecdote que j'ai racontée plus haut ? Celle qui est justement à l'origine de cet ouvrage ! Lors d'une correction, un éditeur m'a demandé de retirer une scène dont j'aimais beaucoup l'originalité, le sens et la profondeur. Les raisons de cette requête étaient justifiées, je le comprenais, je le reconnaissais : la scène n'avait qu'une moindre importance pour l'intrigue et n'était donc pas nécessaire. Mais je me suis sentie très mal, à l'idée de cette correction. Elle m'avait cassé ma motivation, et donc ma passion !

J'avais alors trouvé l'éditeur trop intrusif dans ses corrections. Cette intrusion importante dans mon univers, dans mon histoire, s'était dressée contre ma passion comme un ennemi déroutant et imprévisible…

Je sais que de nombreux auteurs ont déjà vécu ce sentiment d'intrusion, j'ai lu et échangé des témoignages dont voici quelques exemples : un éditeur fait trop de suggestions de correction et l'auteur se sent submergé, une éditrice pinaille sur le choix du vocabulaire, une autre passe à côté des subtilités et ne comprend pas les intentions de l'auteur. Donc, du côté auteur, ce sont souvent les mêmes impressions qui reviennent : sentiment de dépossession du texte, d'incompréhension entre les deux parties, de privation dans les libertés d'auteur. La déception, la colère et l'indignation s'élèvent ainsi, quand les demandes de l'éditeur semblent exagérées ou non justifiées.

Vous voulez un scoop ? Quand j'ai commencé à œuvrer en tant qu'éditrice, certaines de mes collaborations se sont assez mal passées. Ouais. Les textes sur lesquels je me suis montrée trop « intrusive », au début, étaient ceux que je préférais. En résumé, j'ai fait de l'excès de zèle. Je ne l'avais pas compris, à ce moment-là, mais ça m'est apparu avec le recul. Je m'investissais trop. Et j'aurais préféré le savoir avant pour adapter mon travail.

Ainsi, il m'est arrivé de faire des suggestions trop insistantes sur certains textes, et effectivement, ça a parfois été perçu comme intrusif alors que ce n'était pas mon objectif. Quand je remarque des pistes d'amélioration, je préfère aborder le sujet, au cas où cela intéresserait l'auteur. Et parfois, oui, j'insiste quand j'ai l'impression qu'il y a un potentiel inexploité. Ce que j'ai trop oublié, au début, c'est de préciser que ces idées servent uniquement à donner du grain à moudre aux auteurs. J'aime en discuter, parce que ça permet de creuser les intentions d'auteur pour distinguer ce qu'il veut de ce qu'il ne veut pas. Quand on discute de ces limites, ça éclaircit le travail.

Cela dit, il faut aussi garder en tête que la correction éditoriale n'est pas une bêta-lecture. L'éditeur prend des risques en acceptant de publier l'histoire, il y a maintenant de vrais enjeux financiers tant pour l'éditeur que l'auteur. C'est l'aspect professionnel de la relation qui engendre la pression des deux côtés. L'éditeur fait absolument tout pour publier le meilleur roman possible (à ses yeux), l'auteur craint la réponse de l'éditeur s'il refuse la moindre correction et de ne plus reconnaître son texte s'il accepte tout. Les enjeux sont financiers et professionnels d'un côté, intimement personnels de l'autre. Voilà pourquoi les incompréhensions peuvent braquer facilement l'une ou l'autre des parties. La tension peut être très forte, la tentation de répondre à l'autre de faire son travail sans compliquer les choses (ou sans se plaindre) aussi. Pour autant, ce serait tout de même dommage d'accepter des corrections qui ne vous conviennent pas juste parce que l'éditeur a l'air un peu trop insistant, sec ou sûr de lui. De même, il serait dommage pour le texte que vous refusiez une suggestion sans y réfléchir un minimum.

Donc si l'on peut parfois avoir du mal à se comprendre ou à s'accorder, comme dans toutes les relations humaines, il convient d'essayer. Parce que, mine de rien, la plupart des éditeurs sont quand même à l'écoute et bienveillants. Ils aiment leur travail autant qu'ils aiment aider les auteurs.

Voici quelques pistes pour vous en sortir, selon les problématiques rencontrées :

– <u>Dans tous les cas, en premier lieu</u> : discutez, discutez, discutez… avec respect et bienveillance ! Rappelez à l'éditeur que vous savez qu'il est bien intentionné envers votre texte, puis remerciez-le pour son investissement. Si vous faites cela avant d'avouer qu'un aspect de son travail vous rend mal à l'aise, ça passera tout de suite mieux. Parce que si un éditeur investit son temps, c'est qu'il y croit ! Montrez que vous en êtes conscient, et tout de suite, ça allégera vos propos suivants.

– L'éditeur met du <u>temps à vous répondre</u> : oui, les éditeurs ont une notion du temps un peu hors-norme, où ils peuvent vous faire attendre des mois avant de vous demander des corrections pour avant-hier. Ne vous inquiétez donc pas des longues périodes de silence, durant lesquelles l'éditeur s'occupe d'autres manuscrits. Vous pouvez le relancer poliment, plusieurs fois à quelques semaines d'intervalle. Si besoin, notifiez-lui clairement vos disponibilités en lui rappelant que vous avez aussi des obligations de votre côté. Restez professionnel !

– La communication s'embourbe d'<u>incompréhensions</u> : cela arrive parfois, vous avez peut-être mal écrit, l'éditeur a peut-être mal compris. Pas besoin de rejeter la faute sur l'autre, la communication va dans les deux sens et n'est jamais parfaite. Offrez-vous donc quelques jours de repos afin de prendre du recul sur la situation, puis relisez vos échanges plus calmement. Au besoin, demandez l'avis d'une personne de confiance, si possible d'un de vos bêta-lecteurs ou d'auteurs que vous connaissez bien. Ils vous aideront sûrement à cibler le nœud de l'incompréhension.

– Vous <u>hésitez à accepter</u> une demande de correction : laissez reposer votre éditeur. Oui, comme on laisse reposer un manuscrit, on peut laisser reposer un éditeur afin de voir si son avis évolue. Je l'ai vécu des deux côtés : un éditeur qui délaisse un de ses commentaires sans discuter, et moi, côté éditrice, qui remarque que « ce n'est pas si grave ». Certains éléments qui sautent aux yeux à la première lecture gênent moins par la suite, et l'éditeur doit pouvoir évaluer si ce n'est pas juste sa connaissance du texte qui le biaise. Donc corrigez d'abord ce qui vous parle, puis laissez reposer les commentaires sur lesquels vous hésitez (surtout s'ils sont perdus au fond de vos mails). Il se pourrait que l'éditeur ne relève même pas votre oubli ou qu'il décide que ce n'est pas si gênant. Cela dit, ce n'est pas une raison pour éviter de réfléchir à ces commentaires ! Songez-y, avant de les délaisser, ça pourrait aussi être intéressant.

– <u>Une suggestion</u> ne vous convient pas : discutez calmement, expliquez vos intentions d'auteur et développez-les si besoin pour améliorer la compréhension de l'éditeur à ce sujet. Dites-lui ce que vous pensez de la suggestion et pourquoi, selon vous, elle ne convient pas à votre histoire ou à vos intentions. Attendez-vous juste à ce que l'éditeur étaye lui aussi son point de vue, s'il le pense justifié. Un éditeur compréhensif acceptera néanmoins de vous laisser le dernier choix, ou essayera de vous orienter sur une correction différente et plus adaptée à votre intention.

– L'éditeur <u>insiste</u> pour ajouter des précisions : cherchez à comprendre pourquoi ces précisions seraient utiles et/ou pour quelles raisons l'éditeur pense qu'elles manquent. Attention, tout de même : ce que l'auteur ne précise pas… n'existe pas ! Ni dans la tête du lecteur, ni dans le texte, ni pour l'éditeur. Donc réfléchissez-y bien, avant de garder pour vous des éléments essentiels. Le manque de repères spatiaux ou temporels, ou de savoir qui parle dans les dialogues, par exemple, peut engendrer l'incompréhension du lecteur. (Bien sûr, ça n'empêche pas de garder des surprises pour les tomes suivants, si vous écrivez une série. Mentionnez-les à votre éditeur, le cas échéant.)

– <u>J'aurais</u> écrit comme ça… : avec le zèle, on se laisse parfois emporter et, d'expérience, il est parfois difficile de s'en défaire même si on le voudrait. Cette mauvaise habitude peut cependant être réduite par la connaissance des intentions de l'auteur, car en cernant mieux ses idées et l'ambiance qu'il veut transmettre, on s'y plonge plus facilement. Dans tous les cas, de nombreuses demandes de transformation du texte touchant jusqu'à ses racines profondes doivent alerter l'auteur. Si cela va trop loin, il ne faut pas hésiter à rompre le contrat ou la relation de travail (après discussion, bien entendu, car un bon éditeur peut aussi adapter sa manière de travailler).

– La <u>méthode de travail</u> de l'éditeur ne vous convient pas : ça arrive aussi, parce que chaque auteur est unique, et chaque éditeur également, nous avons tous nos besoins et nos méthodes de travail. D'expérience, je constate que certains auteurs détestent les suggestions, alors je vais plus dans le questionnement. Tandis que d'autres auteurs se sentent perdus si je ne les aiguille pas précisément sur les corrections à effectuer. Par souci d'efficacité, ça ne me surprendrait pas qu'une majorité d'éditeurs soit plus dans la suggestion. C'est la voie de la facilité, parce qu'il faut passer le moins de temps possible sur chaque manuscrit pour aboutir au meilleur résultat. Cela dit, juste avouer « je me sens mal à l'aise face à tel type de suggestion » ou « je ne comprends pas ce que je dois faire » permet à un bon éditeur d'ajuster sa façon de travailler. La communication est toujours la clé, même si c'est souvent difficile de trouver comment formuler le malaise ressenti.

– Demande d'une <u>grosse correction</u> qui vous gêne : le truc qui vous démoralise d'un coup, propre à casser net votre passion ! Dans le meilleur des cas, l'éditeur a juste mentionné un problème à résoudre ; dans le pire, il ajoute une suggestion. Mais là non plus, ce n'est jamais un ordre. Prenez donc le temps d'y réfléchir. Pourquoi est-ce que ça ne vous convient pas ? Qu'est-ce qui vous gêne ? Et surtout : comment pourriez-vous résoudre le problème *autrement* ? Le plus simple et salvateur, c'est de trouver comment corriger « à votre sauce », avec des idées qui vous parlent et qui sonnent mieux que les éventuelles suggestions de l'éditeur. Parfois, il suffit même d'ajouter un détail au bon endroit, et ça change tout, sans avoir besoin de taper dans le gros œuvre. En tout cas, n'ajoutez uniquement que des corrections qui vous plaisent ! (Ici, on revient à la technique du *rebond* détaillée à la fin de la compétence n°5 : retournez la lire, si besoin)

– Le commentaire n'est pas clair : oui, après le bêta-lecteur, vous pouvez aussi apprendre à traduire votre éditeur ! C'est valable lorsque les commentaires sont trop vagues, mais aussi quand une suggestion ou une remarque vous embête sans que vous sachiez comment corriger. Parfois, il suffit de reconsidérer la demande de l'éditeur pour y réfléchir. Quelles seraient les différentes manières de corriger le problème ? Ne choisissez pas forcément la plus évidente. À mon sens, un bon éditeur doit pouvoir se servir de la loi de Pareto et/ou de la technique de la pince à épiler pour mieux cibler les problématiques dans le manuscrit. Il ne suffit pas de dire qu'un personnage manque de motivation, il faudrait dans l'idéal pouvoir indiquer les répercussions de ce manque sur l'intrigue et les scènes les plus impactées. N'hésitez pas à demander à votre éditeur pourquoi, selon lui, ça ne marche pas, qu'est-ce qui bloque, où ça manque, afin qu'il précise son analyse.

– La focalisation sur un détail : autre réaction qui survient autant chez les éditeurs que les bêta-lecteurs. Bien sûr, il y a des détails qui peuvent gâcher une intrigue, mais là, je parle de ceux qui retiennent l'attention davantage que prévu, sans qu'on sache vraiment pourquoi… et qui biaisent les suggestions éditoriales ! Il peut s'agit d'un élément mal compris en amont, qui devra être éclairci, ou bien d'une idée à reformuler, d'un détail sur lequel il faut moins insister. Et le contraire est aussi vrai : l'éditeur peut se focaliser sur *l'absence* d'une information pourtant présente dans le texte après vérification. Il s'agira alors de comprendre pourquoi on l'oublie et d'y remédier en répétant, en développant ou en insistant. (Ici, pensez à la technique de la pince à épiler !)

– L'<u>amalgame</u> entre synopsis et manuscrit : cela peut arriver lorsque vous proposez un synopsis à l'éditeur *avant* l'écriture d'un roman. Quand l'auteur a éprouvé des difficultés à résumer son histoire, l'éditeur peut penser que le manuscrit sera aussi fouillis que le synopsis. Quand un élément de l'intrigue est expliqué sur plusieurs lignes, l'éditeur pourra croire que la scène prendra beaucoup de place dans le manuscrit. Sans parler des fois où l'éditeur note l'absence d'une information alors qu'elle est bien dans le synopsis... Si vous recevez de tels commentaires, essayez donc de comprendre pourquoi, qu'a-t-il compris et d'où ça vient. Là aussi, il convient de réduire les incompréhensions et différences de perception par le dialogue. (La technique de la pince à épiler peut aussi se monter utile, ici, pour corriger le synopsis !)

Attentes du public et potentialités

Parmi les demandes de correction et les suggestions de l'éditeur, deux raisons invoquées méritent d'être considérées avec intérêt, car toutes deux peuvent influencer la décision d'achat des lecteurs. Ce sont également les deux compétences clés d'un bon éditeur !

L'adéquation du manuscrit au public visé est d'une importance capitale pour l'éditeur. Ce point entre en ligne de compte dans le choix des manuscrits qu'il éditera, mais aussi dans le travail à fournir avant la publication.

Par exemple, dans un roman jeunesse, les scènes de violence sont moins détaillées, et on évite les relations sexuelles en dessous d'un certain âge. Les thématiques développées dépendent aussi du public, les romans se vendront d'autant mieux si les problématiques des personnages correspondent à celles du public visé. Selon que le personnage principal soit collégien ou étudiant, il n'aura pas les mêmes conditions de vie, et attirera surtout un public qui lui ressemble ou qui l'idéalise.

Ainsi, j'ai déjà entendu des témoignages d'auteurs à qui l'on demandait d'ajouter un chiot ou un meilleur ami à leur personnage principal, parce que c'est ce que l'on retrouve habituellement dans les romans du même genre et que ça contribue à leur succès. Pareil, un éditeur peut choisir votre manuscrit ou vous demander une correction pour mieux coller à une mode actuelle… qui fera forcément vendre !

Pour l'éditeur, la principale question est : que veut *mon* public ? S'il ne le lui donne pas, il ne vend pas, ou peu. Mais offrir au lectorat ce qu'il aime ne veut pas forcément dire copier ou aligner les clichés. L'auteur a tout de même souvent la possibilité d'ajouter une correction à sa manière ! (Vous pouvez donc réfléchir aux attentes de votre public en amont, dès l'écriture ou la correction, comme ça vous serez plus tranquille ensuite.)

Plus largement, l'éditeur a toujours une ligne éditoriale qui détermine ce qu'il souhaite publier, et il pourra aussi faire des demandes spécifiques afin de mieux y répondre. À savoir, qu'en plus de la ligne éditoriale mentionnée sur le site Internet de l'éditeur, celui-ci possède souvent des habitudes en termes d'ambiance ou de thématiques. Il peut alors vous demander d'accentuer ou d'ajuster des éléments présents dans votre texte.

Dans tous les cas, pas de panique, vous aurez souvent une discussion avant la correction éditoriale, où l'éditeur vous fera part de ses besoins afin de vérifier si vous êtes sur la même longueur d'onde.

D'un autre côté, grâce à son expérience avisée, l'éditeur peut apporter des conseils de dramaturgie, c'est-à-dire sur la construction des personnages ou la mise en scène de l'intrigue. Il va alors pointer des éléments de l'histoire qui présentent un potentiel inexploité. L'objectif est surtout d'affiner la cohérence de l'histoire, de sorte que sa structure interne soit plus solide, et d'amoindrir les faiblesses qui desservent le récit (personnage passif, manque de tension, etc.). Il est donc possible que l'éditeur suggère de développer une intrigue secondaire ou un personnage qui ne l'était pas. L'ajout du chiot cité plus haut peut intervenir dans ce cadre, si l'éditeur pense qu'un tel personnage apportera un véritable intérêt à l'histoire (en plus d'être mignon et de susciter des émotions). Bien sûr, ces exemples représentent les plus grosses corrections qu'un éditeur peut demander, il y en a aussi de nombreuses autres beaucoup plus légères et faciles à mettre en œuvre. Rappelez-vous la méthode de la pince à épiler : parfois, quelques ajouts ou ajustements bien placés font toute la différence, rehaussant une ambiance ou précisant un personnage !

Bonus : si votre éditeur comprend parfaitement vos intentions d'auteur, il pourra également vous aider à les mettre davantage en valeur. Parce que la collaboration va dans les deux sens !

Voilà qui pourra vous permettre de reconsidérer certaines suggestions éditoriales de manière plus éclairée. Dans tous les cas, l'option « communication » est toujours la meilleure, en cas de doute. Et avec bienveillance, c'est mieux !

Devenir écrivain :
un après *à construire*

Certains auteurs attendent désespérément leur accès à la publication comme une fin en soi, l'aboutissement de toute une vie, une preuve enfin de leur talent ! Je le sais, j'en ai fait partie. Et puis, je me suis rendu compte que la vie ne s'arrêtait pas à la première publication, loin de là. Il y a plutôt un *après* à construire, si l'on veut vraiment devenir « écrivain ».

Je considère que j'ai eu de la chance dans ma malchance. Premier roman, petit éditeur, genre de niche, peu de ventes... C'est un parcours très classique, mais il a eu le mérite de libérer quelques questionnements en moi, notamment le fameux « Et après ? ». D'ailleurs, j'ai l'impression qu'il y a souvent une période, dans le parcours d'auteur, où l'on se demande si l'on ne devrait pas « s'arrêter là », si ça vaut bien la peine de continuer. C'est une interrogation fourbe qui peut surgir n'importe quand : durant l'écriture, la correction, généralement en recevant des bêta-lectures, mais aussi après une ou plusieurs publications (quand la flamme s'étiole).

À ce moment-là, il devient intéressant de regarder en arrière, de se faire une rétrospective des échecs déjà surmontés et des réussites déjà célébrées. C'est là où le fameux carnet de motivation peut s'avérer utile ! Personnellement, à force d'en baver à écrire malgré mes premières publications, je me suis demandé pourquoi, et *sur quoi* je bloquais tant.

Au-delà de la joie ou de la déception des premières publications, cette étape est aussi l'occasion de réaliser un bilan de ses compétences d'auteur. On ne peut pas tout maîtriser à la perfection, et c'est NORMAL ! De plus, vous vous souvenez : vous n'êtes pas nul, vous n'avez juste pas encore suffisamment pratiqué certaines compétences. Par conséquent, vous pouvez agir pour savoir où vous en êtes !

✒ Apprenez à repérer vos points forts et vos faiblesses !

Concrètement, écoutez-vous ! Soyez à l'affut de vos difficultés et de vos facilités durant votre travail d'auteur, lors de la préparation, de l'écriture, des corrections. Sur quoi bloquez-vous le plus ? Sur quels éléments réussissez-vous plus facilement ? Mettez également à contribution les avis de lecteurs, bêta-lectures et corrections éditoriales reçus. Synthétisez puis répartissez les remarques récurrentes en deux colonnes : vos forces et vos points d'amélioration.

Une fois le bilan établi, lisez ou regardez des œuvres qui manient avec brio ces faiblesses qui vous accablent et inspirez-vous-en, apprenez grâce à elles. Vous pouvez même réunir vos sources d'inspiration dans un fichier. Par exemple, quelques-unes de ces superbes descriptions que vous auriez aimé avoir écrites, ou bien des extraits de scènes d'action de vos films préférés. Néanmoins, évitez de vous comparer, le but n'est pas de déprimer ! Servez-vous de ces exemples comme moteurs positifs, pour grandir !

Ensuite, entraînez-vous sur vos prochains projets ou sur des textes courts. Au début, vous allez galérer un peu, c'est normal, mais comme pour toute activité, vous finirez par y arriver !

Ce petit exercice, que vous pouvez reproduire plusieurs fois durant votre parcours d'auteur, ne vous aidera pas seulement à vous améliorer. C'est aussi une formidable façon de se souvenir des forces qu'on met en œuvre dans nos histoires, de tout ce que l'on réussit, tout ce qui attire les louanges et l'admiration du public. C'est une façon de nourrir le besoin de reconnaissance de soi, de se rassurer sur les compétences acquises et sur ses potentialités de développement.

Ainsi, la publication devient un simple objectif, mais ne signifie jamais la fin du travail d'auteur. Il s'agit plutôt d'un nouveau départ... que l'on peut recommencer aussi souvent qu'on le souhaite.

La relation auteur-éditeur peut insuffler une certaine appréhension, au début, et même plus tard, ce qui est normal étant donné les peurs et les espoirs que génère chaque manuscrit. C'est pourquoi la communication reste le pilier majeur d'une bonne relation, atténuant les angoisses et permettant de s'aligner sur la même longueur d'onde afin d'offrir au texte tout ce qu'il mérite. Ce qui ne doit pas vous empêcher de penser aussi à vous-même et à votre évolution en tant qu'auteur. Vous verrez d'ailleurs, dans le chapitre suivant, que chaque manuscrit est une nouvelle aventure !

Et après...

Raviver la flamme VIII : commandes et volontés éditoriales

Si ce chapitre pourra probablement vous être utile en entier ou partiellement, il y a des situations que les auteurs de deux ou trois romans ne connaissent pas encore, et que vous vivez peut-être. Je parle ici des relations avancées avec les éditeurs : commandes, attente de productivité, engagements pris. Tout ce qui peut se passer quand on essaye de se professionnaliser ou de vivre de l'écriture.

Malheureusement, la passion ne suit pas toujours. C'est même lors de ces moments qu'elle peut s'effilocher sans prévenir. Quand la passion devient un métier, ça ne renforce pas la motivation, ça la transforme ! Parce que les enjeux ne sont plus les mêmes, et surtout parce qu'on ajoute une dimension *obligatoire* à cette passion. Notamment financière. Vous ne pouvez plus décider de ne pas écrire aujourd'hui, vous ne pouvez plus laisser l'inspiration prendre son temps. Et cette situation peut ronger peu à peu votre motivation générale, vous laisser dans un blocage total. Comment s'en sortir, alors ?

Voici quelques éléments pour y réfléchir et faire évoluer votre vision éditoriale :

✒ Si vous êtes pris par des commandes qui ne vous motivent pas (ou plus), pourquoi ne pas demander quand même un coup de main à votre Muse ? Si un éditeur vous a spécifiquement choisi pour un projet, c'est qu'il connaît déjà votre plume et vos thématiques de prédilection. Alors ne lui écrivez pas juste sa commande, écrivez-lui du *vous* (insérez ici votre nom de plume).

Un ouvrage de commande ne doit pas forcément être plat et « standard », il peut accepter quelques touches de ce qui sublime vos histoires habituelles. Votre touche d'originalité, votre vision du monde, votre sensibilité pour un sujet ou un autre. Dans quel élément de votre histoire de commande pourriez-vous insuffler votre sensibilité ? Les personnages, l'ambiance, le style, les décors, etc. ?

Ne muselez pas votre inspiration, elle pourrait vous aider à apprécier davantage vos projets de commande et à ajouter quelques idées que vous aimerez davantage. Cela vous donnera aussi la sensation de reprendre du pouvoir sur votre travail (et par extension, sur votre vie), et ça fait du bien !

Bien sûr, pensez à demander la validation de vos idées à l'éditeur avant de vous lancer tête baissée.

💡 Si vous écrivez une commande en tant que prête-plume ou suivant des exigences précises de l'éditeur, vous aurez besoin de passer un contrat moral avec vous-même :

– Règle n°1 : l'éditeur ou le commanditaire passe en premier.

– Règle n°2 : (donc) vous devez accepter que celui-ci puisse casser votre plan, demander de grosses corrections, voire refuser le résultat s'il estime que cela ne correspond pas à sa commande.

– Règle n°3 : (donc) pensez à demander un cahier des charges le plus précis possible, afin de travailler dans la bonne direction. Si besoin, soumettez des extraits du projet pour valider le résultat au fur et à mesure.

Engagez-vous sur une commande en connaissance de cause, donc en étant d'accord avec ce contrat moral *avant* de valider votre participation. Ces trois règles sont cumulatives et vous aideront à vous mettre en condition pour écrire plus sereinement. Ainsi, le détachement intervient dès le début, et il doit ensuite se travailler sur la durée. Sinon, vous risquez d'avoir du mal à venir à bout du projet. Pour vous motiver, n'hésitez pas à vous concentrer sur la satisfaction du travail bien fait, sur l'accomplissement en lui-même, et sur le bon respect des consignes.

Mais si vous vous attachez à vos idées malgré tout, si vous succombez à votre manuscrit, pas de panique ! Il y a des solutions :

– Essayez de négocier ce que vous souhaitez garder, quitte à le modifier (mais là aussi, vous devez être prêt à vous voir opposer un refus).

– Gardez votre idée de côté pour l'un de vos projets personnels, où vous pourrez davantage l'exploiter et la magnifier.

Dans tous les cas, attention à ne pas vendre votre passion au profit de la quantité ou de la rémunération, ne laissez pas votre passion devenir une corvée, ne perdez pas de vue ce pourquoi vous aimez écrire, ces émotions qui vous envahissent et qui confèrent un élan particulier à votre respiration chaque jour.

Pensez aussi, de temps en temps, à vous demander quelles sont vos volontés éditoriales. Est-ce que vous souhaitez toujours publier ? Sous quel format ? En édition traditionnelle ou en auto-édition ? Ou juste changer d'éditeur ? Désirez-vous une évolution en particulier ? L'aspect éditorial est un domaine dans lequel votre Muse peut avoir des envies. L'écouter, c'est *vous* écouter. Parce que des besoins non satisfaits dans ce domaine sont également une source de démotivation !

En définitive, il n'y a vraiment aucune étape, de l'écriture à la publication, qui ne nécessite pas l'avis de cette petite voix qui vous chuchote des idées à l'oreille. Pensez à la bichonner, elle est votre meilleur moteur. Elle est l'incarnation de votre passion !

Et l'encadré suivant se chargera de conclure cette série de « *Raviver la flamme* », en abordant la thématique de l'évolution personnelle.

Renvois au chapitre :

– *Se préparer à la correction éditoriale*, si votre éditeur vous embête, et pour le témoignage à double facette autrice-éditrice

Compétence cachée n°8 :
S'adapter à chaque projet

Vous avez vaincu votre premier roman, puis votre première publication (ou plusieurs, ou vous rêvez de le faire) ? Mais qu'est-ce qu'il y a, ensuite ?

Déjà, il y a *vous*. Il ne faudrait pas l'oublier ! (On oublie trop souvent le plus évident...) Donc vous et votre passion. Vous et tous ces projets et toutes ces idées qui vadrouillent entre votre tête et vos carnets de notes. Quelque part, vous craindrez peut-être de « recommencer » à chaque nouveau projet, et c'est normal. Si les précédents ont cartonné, vous appréhenderez un échec ; s'ils ont échoué, vous ressentirez la pression de votre besoin de reconnaissance (ou la peur de déprimer). Mais si vous souhaitez vraiment continuer à écrire, longtemps, enchaîner les romans, les nouvelles, les séries, libérer toutes les histoires qui vous assaillent, vous vous en rendrez compte assez tôt : chaque projet est unique, et demande donc une approche de travail différente. De quoi effrayer les plus architectes et laisser indifférents les plus jardiniers. Mais ce n'est pas si horrible, en vrai. C'est même extrêmement... passionnant !

Si la fin du chapitre précédent évoquait l'évolution de vos compétences (donc de vous), ici, nous allons plutôt nous arrêter sur vos projets et leurs particularités (donc sur votre travail, ainsi que le mien pour l'exemple), parce qu'ils peuvent eux aussi contribuer à votre évolution en tant qu'auteur !

Profiter et apprendre de chaque manuscrit

Votre Muse vous montrera probablement bien assez tôt qu'elle est à la fois pleine de ressources et pleine de surprises. Et un jour ou l'autre, elle vous harcèlera avec des idées totalement barges, ou du moins différentes des précédentes. Des projets fous, tous les auteurs en ont. Pas forcément au début, parfois ça vient plus tard. Mais l'imagination et l'inspiration favorisent une émulation qui peut nous emporter loin, très loin, à travers des nuages d'idées toutes plus fantasques les unes que les autres.

Au début, quand vous constaterez que votre nouveau projet est beaucoup trop différent du ou des précédents, vous douterez peut-être, mais ne laissez pas vos appréhensions vous freiner. Si votre idée est viable, si vous parvenez à élaborer une intrigue qui tient la route, osez essayer ! Après tout, pourquoi pas ?

En premier lieu, je vais me permettre une illustration personnelle. C'est un peu long, mais ça me semble bien traduire ce que l'on peut apprendre de différent d'un projet à l'autre... (et en passant, ça aidera les auteurs qui cumulent des romans inachevés à dédramatiser !)

En écriture de fiction, j'ai commencé au collège par un exemplaire de la fameuse *trilogie-de-la-mort-qui-tue*. Voilà, classique. Plutôt axée fantasy à la Harry Potter, avec des personnages ados comme moi à l'époque. J'ai cru pendant des années que ça serait génial, que j'aurais un succès du tonnerre, puis j'ai finalement rangé les trois tomes dans un tiroir (numérique) lorsque j'ai fini par comprendre leurs faiblesses persistantes malgré les réécritures successives. J'ai dégringolé dans la *vallée du désespoir* de la courbe Dunning-Kruger, en constatant à quel point je n'y connaissais rien à la dramaturgie. Mais je ne désespère pas de reprendre un jour ce vieux projet, ou du moins de réadapter la base de l'histoire à ce que j'aime écrire maintenant, parce qu'il y avait quand même des idées intéressantes. Cela dit, quand j'ai voulu essayer un nouveau projet pour changer d'air et enfin passer à autre chose, je me suis retrouvée perdue.

Par où commencer ? Comment tourner l'histoire ? D'ailleurs... comment on écrit une *bonne* histoire ? Dans le doute, c'est le moment où j'ai commencé à faire ressortir ma fibre d'architecte, en lisant des bouquins de techniques d'écriture et en me façonnant une trame de préparation de manuscrit. Problème suivant : j'avais une idée géniale en fantasy humoristique, sauf que je ne maîtrisais pas l'humour (ni à l'écrit ni dans la vie, j'ai une tendance aux jeux de mots pourris...). Je me suis donc vite sentie dépassée par ce genre que je n'arrivais pas à déployer de manière satisfaisante. J'ai compris que je ne savais pas tout écrire, que changer de projet, ça ne voulait pas dire réussir du premier coup. Pour autant, je me suis amusée et j'ai gagné des connaissances dans le maniement de l'humour. J'ai aussi commencé à percevoir des qualités dans mon travail de dramaturgie ! Ce projet (qui dort aussi en attendant une réécriture) m'a appris que j'étais capable d'écrire de nouvelles histoires, mais aussi que ça ne me donnerait pas forcément moins de travail. J'ai pris conscience d'une partie de mes forces et de mes faiblesses. J'ai aussi touché un peu plus du doigt ce que j'aimais écrire, et comment j'aimais écrire.

Projet suivant, tout s'écroule ! Ma superbe trame de préparation ne sert plus à rien. Non, à rien. Parce que je me lance dans un thriller fantastique sous forme de *journal intime*. Dans ma tête, je me dis : « on ne prépare pas un journal intime ». Bien qu'au fond de moi, un doute subsiste… Quand même, un poil de dramaturgie et de structure ne serait pas inutile, surtout pour alimenter la tension, avoir des personnages cohérents et intéressants, éviter le ventre mou du milieu de roman, etc. Après quelques tergiversations, je me prépare une trame légère de l'intrigue, des fiches personnages, puis je fonce dans le premier jet. Ce fut toutefois une écriture difficile, du fait de sa thématique sur le harcèlement moral et sexuel ; adieu les longues séances d'écriture, impossible. Voici un autre roman qui attendra ses corrections durant plusieurs années (avec entre temps le féminisme qui émerge, et qui amène des besoins de correction en plus). Mais j'ai appris de nouvelles choses : il convient d'écouter les besoins de l'histoire, de sa structure, de son format, afin de les intégrer dans la préparation ; et il faut parfois se préserver de ses propres écrits, voire changer de rythme d'écriture. Ce fut aussi l'une des premières fois où j'ai pris conscience qu'il vaut mieux penser au public à qui est destiné le texte, parce que sans les bases de dramaturgie que j'ai finalement intégrées à ma préparation, l'histoire aurait présenté beaucoup plus de faiblesses, notamment un ventre mou bien ennuyeux.

C'est donc après avoir mis cinq romans au placard que *Frères d'enchantement* est arrivé, celui qui sera mon premier publié (Éditions Rroyzz, 2019). Là encore, inspiration fulgurante en regardant le dernier film d'Harry Potter, puis des idées en pagaille. L'histoire s'y prêtant, je reprends ma trame de préparation, version révisée et augmentée qui atteint plus d'une dizaine de pages. Dès le début, je me fais des nœuds au cerveau sur la double ligne temporelle de l'histoire, mais j'aime cette idée, alors je continue. Sauf que... arrivée au milieu du premier jet, blocage total, quelque chose ne passe pas. J'ai pourtant un synopsis de travail détaillé, que je relis en réfléchissant. Et puis je comprends : c'est justement le synopsis qui ne va pas, il faut que j'en réécrive une partie. Me voilà donc en train de changer la moitié de l'histoire... en plein milieu du premier jet ! Heureusement, c'est surtout la suite que je modifie, pas ce que j'ai déjà écrit. Apprentissage sur le tas : les plans ne doivent jamais être figés, le synopsis est toujours sujet à retournements et ajustements même durant l'écriture du premier jet. J'imagine que c'est le côté un peu jardinier des architectes, s'autoriser à tout renverser en plein milieu. Suivre coûte que coûte les besoins de l'histoire. Encore une chose à laquelle je ne m'attendais pas !

Plus récemment, j'ai travaillé sur un nouvel ovni mêlant thriller fantastique et développement personnel. Eh bien, c'est là que j'ai découvert le fameux effet du « c'est pas tout à fait ce que je voulais dire », à force d'écrire, puis relire, puis réécrire. Je ne l'avais jamais autant pris en pleine figure que sur ce manuscrit ! C'était l'aspect développement personnel, plus subtil à gérer que la fiction classique. Un vrai jeu d'équilibriste ! Et j'ai bien saisi à quel point il était difficile, parfois, d'exprimer clairement ce que l'on a en tête.

Puis d'autres projets ont émergé, et je crois avoir toujours appris quelque chose, ou au moins, mieux compris mes faiblesses d'écriture. J'en suis même arrivée à essayer d'anticiper les difficultés et besoins spécifiques de chaque nouvelle histoire, avant l'écriture, pour me préparer au mieux. J'espère que cela continuera…

Voici donc comment l'on peut aussi *apprendre* de son propre travail : en bloquant sur ses faiblesses, en se challengeant sur de nouveaux projets, en y croyant toujours malgré les difficultés. C'est un voyage personnel, chaque auteur aura le sien, et développera donc ses propres compétences et qualités.

✒ Exercice de rétrospective :

Maintenant, c'est à vous ! Que vous ayez un seul ou déjà plusieurs romans sous le coude, je vous propose de dresser un tableau avec deux colonnes : *difficultés* et *apprentissages*. Comme dans mon exemple ci-dessus, pour chacun de vos romans dans l'ordre chronologique, notez vos difficultés rencontrées puis vos apprentissages. C'est un exercice que vous pouvez garder de côté et compléter à chaque fois que vous terminez un projet. Ainsi, vous verrez avec le temps si vous êtes parvenu à surmonter vos difficultés, ou s'il vous reste du travail et de la réflexion à mener. Vous constaterez aussi que vos apprentissages vous poussent à mettre en place différents outils de travail. Car c'est tout ce vécu qui vous permet de vous bichonner une méthode de travail adaptée à vos besoins.

Ainsi, cet exercice est également une façon de se comparer à soi-même pour découvrir, qu'un jour, on est fier du travail accompli et d'en être arrivé là où l'on en est.

Aucun chemin n'est parfait, mais quand vous êtes prêt à échouer, vous êtes prêt à réussir ! Personne ne peut vous empêcher d'apprendre, de grandir et d'avancer.

« *Je ne perds jamais, soit je gagne, soit j'apprends.* » – Nelson Mandela

(Oui, celle-ci aussi se trouve sur le mur de motivation face à mon bureau.)

Écouter ses émotions

Après avoir écrit plusieurs manuscrits, on finit par développer une meilleure vitesse de production. Attention, toutefois, car la tentation d'enchaîner les projets et d'écrire sans s'arrêter est grande ! Quand on est professionnel (et surtout qu'on espère vivre de l'écriture), on veut parfois se fixer des objectifs, des challenges, des recettes secrètes vers le succès. Alors, glisser doucement vers le *burn out* (oui, des auteurs en font, j'en connais qui ont subi cela !) ne vous fait peut-être pas peur, mais... ne serait-ce pas dommage de transformer votre passion en corvée ? En un travail harassant et régulier qui vous mine le moral chaque jour parce que vous finissez par y aller avec des « je dois » et des « il faut » pour suivre vos quotas journaliers.

Donc oui, les objectifs, c'est bien, mais uniquement si ça n'en vient pas à vous ronger de l'intérieur au bout de quelques mois ou quelques années. Surveillez-vous bien, ou demandez à votre entourage de vous alerter si vous commencez à avoir la morosité facile. La négativité se glisse plus sournoisement qu'on ne le pense dans nos pensées et nos habitudes. Guettez-la, vérifiez chaque semaine, chaque mois si votre taux de positivité durant le travail est suffisamment élevé. Si besoin, façonnez-vous une petite jauge visuelle qui symbolise votre état émotionnel, du positif vers le négatif, dont vous pourrez déplacer régulièrement le curseur. De cette manière, vous apprendrez à repérer les déprimes trop longues ou chroniques, qui viennent vous prévenir que vous avez besoin de changement. D'ailleurs, vous pouvez également confectionner une jauge pour mesurer votre taux de fatigue, afin d'éviter de vous surmener. Ce n'est pas grand-chose, mais ça vous aidera à vous écouter !

Cela peut sembler paradoxal, mais pensez à profiter de tous ces moments où vous vous sentez au fond du gouffre. Est-ce l'occasion de réfléchir à votre situation, à vos besoins, à vos envies ? Est-ce une bonne période pour du repos ? Est-ce le moment de réapprendre à savourer les petites joies du quotidien ?

Apprendre et se reposer font partie intégrante de la vie, ce sont des composantes passives de vos compétences car, sans elles, vous ne saurez les mettre en œuvre de manière efficace et intéressante. La fatigue nous promet rarement un travail de qualité, un apprentissage survolé non plus. Même si ces deux notions (surtout le repos !) sont boudées dans notre société qui veut aller toujours plus vite, elles sont essentielles à un résultat satisfaisant, et surtout à un moral épanoui.

Dans tous les cas, l'objectif, c'est l'équilibre. Entre les émotions positives et négatives, entre l'activité et le repos, entre apprendre et expérimenter à l'instinct. Un équilibre *vivant* qui évoluera en même temps que vos besoins.

Mais « écouter ses émotions », c'est aussi... écouter ses envies ! Et pour qu'elles se révèlent plus efficaces, n'hésitez pas à développer une vision à long terme. Vous n'êtes pas forcé de rester uniquement penché sur votre manuscrit du moment. Sans préparer tous vos projets à l'avance, il peut être intéressant de se demander ce que l'on souhaite écrire plus tard, quelle ligne globale on veut donner à sa carrière si on l'envisage. Réfléchir à l'image de soi, celle que l'on veut transmettre, avant que le public ne vous catalogue à partir de votre ou vos premiers romans.

Parce que si vous commencez par écrire des romans jeunesse, il peut être plus délicat par la suite de trouver un public pour de l'horreur en littérature adulte, par exemple. En songeant en amont à cette aura que vous souhaitez diffuser, à la façon dont vous souhaitez que l'on parle de vous, vous misez sur le long terme et sur une image déterminée. Non pas que cette image sera fixe, elle pourra évoluer, mais uniquement si vous le décidez. L'idée est de rester autant que possible maître de sa réputation auprès du public, un peu à l'image des réseaux sociaux où l'on choisit ce que l'on diffuse (donc une image souvent ajustée, fantasmée, idéalisée de soi). Ainsi, votre passion se déploiera de manière plus nette et précise, afin de mieux marquer les esprits.

Avancer tandis que le monde tourne

Notre évolution en tant qu'écrivain est surtout possible lorsque l'on garde une part de cette humilité développée grâce à la compétence n°3. Dès qu'on la perd, on risque d'oublier les remises en question qui nous poussent vers une amélioration continue, et la curiosité qui nous mène chaque jour à la découverte de nouvelles choses. Chaque félicitation doit, au contraire, être un tremplin pour virer peu à peu les doutes du débutant, tandis que chaque critique permet de réfléchir puis de rebondir.

Apprendre des autres n'est pas seulement une démarche d'évolution personnelle, c'est aussi une façon de rester attentif aux attentes du marché, de voir ce qui fait réagir le public, d'analyser de nouvelles techniques d'écriture, de creuser pourquoi ça fonctionne ou pourquoi ça ne marche pas. Le milieu culturel est en constante progression. Arrêter d'apprendre, c'est presque arrêter de rendre ses productions intéressantes. C'est s'arrêter à une année et devenir peu à peu vintage (pour ne pas dire démodé).

Mais il ne s'agit pas de coller à une mode en particulier, juste de suivre le courant, d'apprendre ce que nous amènent les époques les unes après les autres, les nouvelles générations d'auteurs et de lecteurs, afin d'en tirer le plus de richesses. Des richesses qui rendront nos histoires encore meilleures et en adéquation avec les sujets de société.

Après tous, les auteurs sont les voix de leur génération, mais aussi des problématiques sociales et humaines. Nous évoluons avec le monde et le monde évolue avec nous.

Et après…

Raviver la flamme IX : évoluer sans se perdre soi-même

Changer de voie, en tant qu'auteur, n'est pas forcément évident, car les habitudes sont rassurantes et il peut être difficile d'accepter de « quitter son ancien soi ». Cette impression tenace que l'on perd une partie de soi-même est d'ailleurs probablement souvent en cause dans ces stagnations qui peuvent devenir agaçantes ou déprimantes quand elles perdurent trop. Tout autant que la crainte du « que vais-je devenir ».

Cela dit, quand on y regarde de plus près, on ne perd rien de concret. En réalité, il serait plus juste de parler d'*évolution*. Nous ne perdons pas vraiment une partie de nous, nous la délaissons seulement au profit d'une nouvelle, plus attractive et adaptée à nos besoins ou envies du moment. Et puisque l'ancienne partie reste là, malgré tout, vous pouvez lui préparer un coin cocooning où elle savourera une retraite paisible.

Les valeurs que l'on défend et les thématiques qui nous tiennent à cœur évoluent nécessairement au fil des années, et cela s'en ressent dans nos écrits. Accepter que l'on évolue chaque jour qui passe, c'est avancer, c'est écrire sur ce que l'on aime aujourd'hui tout en considérant sereinement et affectueusement ses amours d'hier. Alors pensez juste à revenir voir votre partie retraitée de temps en temps, remerciez-la, embrassez-la, et peut-être qu'elle reviendra vous aider, parfois, en souvenir du bon vieux temps.

Renvois au chapitre :
– Chapitre entier pour le témoignage et l'exercice de rétrospective, ainsi que quelques notions supplémentaires sur la productivité et l'évolution

personnelle.
– Et le chapitre suivant pour la conclusion ! (ainsi que les bonus de fin)

Comment bien continuer ?

Il existe différentes sortes de passions. Celles qui nous changent les idées le temps d'une pause, celles dans lesquelles on se plonge corps et âme des heures durant, celles qui surgissent un jour sans s'annoncer, celles qui nous font vivre depuis des années. Quelle que soit la vôtre, chérissez-la ! Aucune n'est meilleure qu'une autre, elles nous aident toutes à vivre plus sereinement et plus passionnément.

Alors, ne laissez pas ces passions s'étioler au fil de la vie. Car le quotidien peut parfois se transformer en monstre dévoreur de temps ou d'énergie, et ainsi voler un fragment de sa vie à l'auteur qui désespère. Parfois, il est bon de s'arrêter un instant pour songer à la place que prend notre passion dans notre vie, puis à la place qu'on souhaiterait qu'elle prenne. Accepter une passion, c'est accepter une partie de soi-même, sans plus la réprimer, ni la bloquer, ni la frustrer. C'est lui laisser la liberté de s'exprimer selon ses besoins, qui évoluent nécessairement au fil du temps. Car c'est aussi une façon de prendre soin de soi.

Chez certains auteurs, écrire ne sera qu'une passade, une envie ponctuelle, une routine tranquille de vacances. Pour d'autres, il s'agira d'un besoin pressant, d'une compulsion à écrire ce qui *veut* sortir, d'un imaginaire débordant que l'on a du mal à contenir. Dans tous les cas, c'est une bulle qu'on ouvre pour s'y réfugier !

Mais attention à bien faire le point avec vous-même sur vos raisons d'écrire, sur votre besoin et ce qui le motive.

Votre bulle ne doit pas devenir un prétexte au repli sur soi ou à l'éloignement de la vie sociale. Les fausses excuses sont vite arrivées, et le « Je suis très bien comme ça ! » peut vite se muer en mensonge dont on essaye de se convaincre.

Soyez plutôt au clair avec vous-même sur ce qui vous motive. Même si écrire vous sert d'armure contre un aspect de votre vie, vous écrivez parce que vous aimez écrire, et ça, c'est important aussi.

Dans le développement personnel, on parle de « mission de vie », parce qu'il s'agit de toutes ces passions qui reviennent inlassablement même quand vous essayez de vous y soustraire. Ou une passion dont l'étincelle patiente jusqu'à ce que vous la réveilliez, parfois.

Une mission de vie, c'est ce pour quoi vous êtes prêt à vous dépasser et à explorer de nouveaux horizons. C'est ce qui vous porte au loin, qui vous fait travailler en oubliant le temps, qui vous touche, vous fait vibrer, vous transporte dans le *flow*. C'est ce que l'on veut faire pour soi, pour les autres, pour le monde. Alors, si écrire des histoires est votre mission de vie, offrez-lui progressivement la place qu'elle mérite dans votre vie. Et si vous avez d'autres passions, profitez-en, vivez-les aussi. Soyons fous !

Bonus :

4 techniques de confiance en soi

10 actions qui mènent à la réussite

12 conseils pour améliorer vos histoires

4 techniques de confiance en soi

Bien sûr, elles ne sont pas magiques, elles se travaillent sur la durée afin de devenir vos meilleures habitudes de vie ! Et surtout, elles sont adaptables à d'autres domaines que l'écriture, profitez-en !

– *Accepter que la perfection n'existe pas :* même si vous avez l'impression d'en avoir besoin pour monter dans l'estime des autres. Personne n'a le droit de vous demander quelque chose qui n'existe pas (même pas vous). Entourez-vous plutôt de personnes qui comprennent que l'erreur est humaine, et qui vous écouteront ou vous aideront plutôt que de vous blâmer. Vous pouvez aussi apprendre ce qui vous manque, faire de votre mieux, puis en être fier. Rappelez-vous que les lecteurs vous pardonneront vos faiblesses, parce qu'ils *savent* que tout ne peut pas être parfait dans un roman. Et vous le savez aussi, vous avez déjà lu des romans que vous adorez malgré leurs faiblesses. Il y a toujours une part de subjectivité dans un avis de lecture. D'ailleurs, la perfection est elle aussi très subjective… Chaque individu à sa propre vision de la perfection, et personne ne pourra jamais coller *parfaitement* à la vôtre. Alors ne soyez pas parfait, soyez juste *vous-même*.

– *Combattre le biais de négativité* : nous avons tous ce biais censé nous protéger des dangers potentiels, mais qui souvent nous rend plus déprimés qu'autre chose... Il faut donc travailler à retrouver l'équilibre. C'est vrai, pourquoi devrions-nous penser davantage aux choses négatives qu'aux positives ? Ce biais nous fait trop souvent oublier de penser au positif, il vole toute la place... Pour prendre du recul et retrouver votre positivité, il existe plusieurs moyens : remettre en question le négatif en se demandant s'il n'y aurait pas des conséquences positives ou des apprentissages utiles (parfois, on en décèle sur le long terme, alors qu'à court terme c'est moins évident) ; lister les détails et événements positifs de la journée dans un carnet de motivation ou de gratitude (à relire quand on veut !) ; trouvez une chose positive pour chaque chose négative ; rebondir en cherchant une solution positive à un événement négatif ; dresser la liste du négatif puis à côté celle du positif. À notre époque, on rabâche de plus en plus qu'il ne faut pas réprimer les émotions négatives, et qu'elles ont le droit de s'exprimer, mais les positives aussi ! Revenez juste à l'équilibre !

– *Évoluer vers une meilleure vision de soi-même* : si de nombreuses personnes sont en manque d'amour propre, on peut toujours évoluer (et on évolue toujours, quoi qu'on fasse). L'important, c'est juste de ne pas évoluer pour coller à ce que voudraient les autres, mais plutôt pour se sentir bien dans ses baskets. Alors, qu'est-ce qui vous manque ? De quoi avez-vous besoin pour vous sentir mieux ? Et surtout, *comment* pourriez-vous y remédier, via quel apprentissage, par quel moyen ? Dans tous les cas, évitez de vous blâmer pour le temps que ça prendra, concentrez-vous sur vos efforts, et soyez fier de vos réussites... autant que d'essayer ! Mais sans vous pousser à la perfection, rappelez-vous : les attentes trop hautes sont un nid à déceptions. Gravissez plutôt l'escalier marche après marche !

– *Valoriser ses réussites* : prenez-vous bien le temps de considérer vos réussites et d'en être fier ? Si vous croisez dans votre manuscrit une belle description ou un personnage réussi, prenez-vous le temps de le savourer ? Parce qu'il y a fort à parier que vous ruminiez plus souvent sur les faiblesses que vous lisez, alors qu'ici aussi, il y a besoin d'équilibre. N'hésitez pas à lister vos sources de plaisir et de succès dans votre travail, à noter tout ce que vous aimez ou que vous avez la sensation d'avoir réussi. Même les détails. Parce que c'est en les associant qu'on en arrive à un carnet entier rempli de vos réussites ! Dans l'auto-critique, notamment, il est important de savoir distinguer autant les faiblesses que les forces de son travail, afin de savoir où l'on en est, quels apprentissages nous manquent, mais aussi pour booster la motivation.

10 actions qui mènent à la réussite

Puisque la réussite est évidemment un puissant moteur de motivation : si un jour vous avez le sentiment de stagner, piochez dans cette liste !

– Réessayer jusqu'à ce que ça marche, ou bien changer de méthode. Parfois, même un petit changement peut apporter une amélioration. Vous n'êtes pas obligé de sortir tout de suite les grands moyens, d'autant plus si c'est onéreux. Alors, que pourriez-vous essayer de changer ?

– Garder le cap sur son objectif principal et agir en conséquence. C'est important, parce que les aléas de la vie nous font parfois perdre nos objectifs de vue, puis on les oublie ou on s'éparpille. Pensez donc à faire régulièrement le point avec vous-même : *quelle action vais-je faire, cette semaine, pour avancer ? Combien d'heures j'attribue à mon objectif, aujourd'hui ?*

– Regarder en arrière uniquement pour apprendre. Car regarder en arrière ne veut pas dire que vous devez replonger dans ce que vous n'aimez pas, non. Il s'agit plutôt de retrouver toutes ces choses utiles ou intéressantes qui vous ont un jour aidé, afin de vous en inspirer. Y a-t-il quelque chose, dans votre passé, qui pourrait vous aider à mieux avancer aujourd'hui ?

– Se reposer quand on en ressent le besoin, prendre soin de soi. Parce que ce n'est pas quelque chose qu'on peut déléguer. Donc ne laissez pas la culpabilisation vous ronger ! Si les autres choisissent de foncer vers le *burn out*, c'est leur décision, leur responsabilité, vous n'avez pas à la porter sur vos épaules ni à rattraper les pots cassés. Ne laissez *personne* décider de vos limites, vous en avez déjà naturellement, respectez-les.

– Chercher de l'aide quand on en a besoin, ne pas se noyer seul. D'ailleurs, vous ne faites jamais rien seul : vous ne tondez pas des moutons pour confectionner vos vêtements, vous ne chassez pas pour manger, vous ne construisez pas seul votre maison. Personne ne sait *tout* faire. Tout le monde s'entraide sans même le remarquer. Alors, continuez, faites comme d'habitude !

– Travailler sa prise de recul, sa remise en question, sa relativisation. À mon sens, c'est la meilleure façon d'évoluer et de devenir meilleur dans tous les domaines. Parce que c'est accepter que l'on apprend chaque jour, et qu'on se sert de ces enseignements pour avancer. Souvenez-vous de la citation : *« Je ne perds jamais, soit je gagne, soit j'apprends. »* – Nelson Mandela

– Entretenir un bon équilibre de vie, plutôt qu'obéir à une discipline. La meilleure vie est celle qui est bien équilibrée… à un moment donné ! Car nous n'avons pas toujours besoin du même rythme de vie ni des mêmes activités. Pensez à vous demander régulièrement : *quel serait mon équilibre de vie idéal, en ce moment ?*

– Lister régulièrement le positif afin de s'encourager soi-même. Surtout pour combattre le biais de négativité, qui est naturel chez l'être humain, et malheureusement tenace. Penser au positif demande un effort constant, c'est une bonne habitude à prendre ! Pour commencer simplement, notez les bonnes choses de votre semaine dans un carnet.

– Cultiver sa créativité et sa découverte du monde. La curiosité est la qualité qui vous apportera le plus de nouveautés et de découvertes. C'est une matière inestimable dont on peut nourrir tous les projets, un vrai coup de boost pour avancer loin, très loin. C'est aussi souvent la meilleure manière de se débloquer, en tant qu'auteur !

– Bichonner sa passion, faire des choses qu'on aime ! Au fond, c'est le plus important. Personne ne vivra votre vie à votre place, donc si vous ne faites pas ce vous aimez, personne ne le fera pour vous. Ce n'est pas être égoïste, c'est admettre que chacun a juste le droit d'exister et d'en profiter. Et si les autres grognent, rappelez-leur qu'ils ont le droit de faire pareil ! Vous y gagnerez peut-être des compagnons de route !

12 conseils pour améliorer vos histoires

🖋 Voici douze éléments qui apportent davantage de cohérence et de profondeur à toutes les histoires. Certains vous éviteront des faiblesses que l'on retrouve souvent chez les auteurs en herbe... mais aussi chez les vétérans ! Ce sont des points auxquels les éditeurs sont particulièrement sensibles.

– *Les émotions* : c'est le plus important ! Quand vous lisez un roman ou que vous regardez un film, vous avez envie d'être surpris, de rire, pleurer, craindre pour les personnages puis espérer qu'ils s'en sortent, et vous rêvez que les traîtres se prennent des tartes. Vous voulez *vivre* l'histoire. Quand vous exprimez votre avis, c'est avant tout une émotion qui ressort : vous avez aimé parce que... vous avez détesté parce que... Les bons romans sont construits de telle sorte que le lecteur ressente l'émotion prévue par l'auteur à chaque scène, ce qui demande une construction minutieuse, une réflexion lors de l'écriture et/ou de la correction. Le plus addictif reste l'alternance entre l'espoir et la peur, entre le plaisir et la douleur (comme le conseille Robert McKee, professeur d'écriture créative américain). De quelle manière ? Mettez vos personnages en difficulté, faites croire qu'ils vont s'en sortir ou offrez-leur un répit, puis recommencez. Demandez-vous chaque fois : comment la situation pourrait empirer ? Sans oublier d'ajouter quelques rebondissements et surprises imprévisibles.

Tout cela permet de maintenir une tension croissante et du suspense jusqu'à la fin de l'histoire. Dans tous les cas, pour une réaction forte des lecteurs, visez les émotions fortes !

– *Les personnages* : tout vient d'eux, tout découle d'eux. S'ils sont ratés ou peu développés, cela risque de s'en ressentir dans l'histoire. Les meilleurs personnages ont plusieurs caractéristiques : ils sont actifs à chaque instant, ils ont un objectif principal, un ou deux objectifs secondaires, une motivation interne forte, des événements de leur passé qui influent sur le présent, une évolution significative durant l'histoire, des défauts qui font souffrir leur entourage et/ou eux-mêmes. Ce dernier point signifie que, en plus de subir des obstacles externes, un bon personnage peut se mettre lui-même des bâtons dans les roues à cause des parts d'ombre de sa personnalité. Pensez aussi aux personnages comme un réseau, où chacun a son objectif, ses motivations (parfois cachées), ses facilités et ses difficultés. D'une certaine manière, chaque personnage est l'antagoniste d'un autre personnage (autrement dit : on est tous le con de quelqu'un !).

– *La thématique* : de nombreux auteurs pensent qu'ils n'écrivent pas pour transmettre un message, mais juste pour divertir le lecteur. Malgré tout, chaque action, chaque parole et chaque choix des personnages véhicule des valeurs. Si votre personnage défend la tolérance ou l'écologie, votre roman transmet cette valeur. Même si vous ne souhaitez pas écrire avec des messages, ils sont là, ils transparaissent à travers vos personnages. Vous ne pourrez pas vraiment y échapper… Alors autant les choisir, ou vérifier s'ils sont bien ceux qui vous correspondent. Pour mieux cadrer et contrôler une thématique, vous pouvez repérer les scènes où celle-ci est abordée, ainsi que ses différentes phases d'évolution au fil de l'histoire. Vous pourrez alors l'enrichir afin qu'elle devienne plus intéressante et pertinente.

– *La simplicité* : parce que même si vous écrivez une intrigue complexe, l'histoire doit paraître simple. Dans le sens facile à comprendre, sans emmêler les neurones du lecteur. On évitera donc les surcharges d'informations étouffantes, les explications à rallonge ennuyantes, ou de partir avec vingt personnages d'un coup. Le début du roman doit présenter clairement et rapidement l'histoire, sinon vos lecteurs risquent de décrocher. Préférez aussi les retournements de situation surprenants aux retournements complexes, pour favoriser les émotions. Dans tous les cas, il vaut mieux commencer simplement au début, et tester des histoires plus complexes une fois qu'on maîtrise les bases. Ou bien commencer simplement au premier jet, puis complexifier l'histoire lors de la correction. Ça vous évitera d'en faire trop et de vous prendre la tête dès le début.

– *Le mystère* : souvent, les jeunes auteurs aiment les mystères, ça fait classe et ça surprend le lecteur. Mais attention : trop de mystère tue le mystère. Si votre mystère se transforme chez le lecteur en « je comprends rien à l'histoire », alors c'est un mystère raté. Un bon mystère n'a pas pour objectif d'embrouiller le lecteur, il pose une question dramatique et donne envie de connaître la réponse. Le lecteur doit d'ailleurs comprendre que le mystère est volontaire, et pour cela, il peut être utile qu'un personnage se pose lui-même la question dramatique. (« *Mais pourquoi le trésor est-il si mal caché ?* » pourrait éviter au lecteur de croire que c'est une faiblesse du roman, à condition de fournir une réponse crédible par la suite.)

Par ailleurs, les ambiances mystérieuses se ressentent davantage avec la technique du *show don't tell*. Pour schématiser, il s'agit d'illustrer un propos au lieu de se contenter d'une froide et courte description. Si un personnage a peur ou est en colère, on le montrera à travers sa façon d'agir, de parler, et ses choix ; on intègrera ainsi l'émotion tout au long de la scène. N'hésitez pas à chercher des exemples sur Internet, cette technique est bien documentée.

– *Les enjeux :* il s'agit de ce que le monde et/ou les personnages risquent de perdre ou de gagner selon que les forces antagonistes soient vaincues ou non, et que l'objectif principal soit atteint ou non. C'est donc la raison d'être de toute l'action, de toute l'intrigue, il ne faut pas la perdre en plein milieu de l'histoire (sauf si on bascule sur un nouvel enjeu). Que risquent les personnages s'ils échouent ? Que risque l'univers tout entier ? Et au contraire, que se passera-t-il si l'objectif de l'histoire est atteint ? Pour rendre les enjeux intéressants, il ne suffit pas de jouer avec la fin du monde et les prophéties apocalyptiques. Les meilleurs enjeux sont importants, menaçants, et nécessitent des efforts de la part des personnages. Pour favoriser cela, pensez à intégrer à vos histoires des obstacles difficiles, ou dangereux, ou longs à résoudre.

– *L'utilité* : tout ce qui vous ennuie à l'écriture ou à la relecture ennuiera aussi vos lecteurs. Alors attention aux digressions et aux scènes où le lecteur peut se demander vers où l'histoire l'emmène. Vérifiez l'utilité de chaque scène et de chaque personnage (les éditeurs n'ont aucune pitié là-dessus !). Et à l'inverse, attention aux « scènes manquées » : celles qui ne devraient pas être passées sous ellipse, parce qu'elles s'annoncent beaucoup trop intéressantes. S'il s'agit d'une scène clé dans l'intrigue ou la relation entre deux personnages, il vaut mieux la développer. À tout moment, le lecteur doit *croire* qu'il sait (au moins en partie) vers où vous l'emmenez, et trouver ça intéressant !

– *La cohérence* : tout lecteur s'attend à comprendre l'histoire qu'il lit... Si un personnage ne réagit pas face à une menace, sans raison, le lecteur ne comprendra pas. Si un personnage change de caractère en cours de route, sans raison, le lecteur ne comprendra pas. Si un médecin soigne une jambe amputée en trente minutes avec une mallette de premiers secours, le lecteur ne comprendra pas... et surtout, il n'y croira pas ! Écrire un roman, c'est mettre en place des règles dès le début. Si l'on souhaite les changer, il faut intégrer à l'histoire une justification ou une évolution adaptée. On évitera donc le *« Ta gueule, c'est magique ! »* (aussi valable pour les justifications fumeuses, donc attention).

– *Le contexte* : pensez à tout ce qui existait avant le début de l'histoire. Quelles étaient les situations des personnages et du monde ? Comment sont-elles chamboulées par l'élément déclencheur ? Et quelle influence chacune d'entre elles aura-t-elle sur l'intrigue ? Le contexte, c'est tout ce qui entoure l'intrigue et qui la malmène, qui empêche les personnages d'arriver trop vite à la fin. Mais c'est aussi tout ce qui est présenté dans les premiers chapitres. En quelque sorte, ce sont les règles du jeu. Vous pourrez donc mieux jouer avec si vous les développez ! Dans tous les cas, un début d'histoire doit être clair et accrocheur, préférez donc une première scène mouvementée, dangereuse, drôle ou mystérieuse.

– *Le conflit* : c'est la base de l'histoire, parce que quand tout le monde est heureux, il n'y a pas grand-chose à raconter... Le conflit externe, c'est un différend important entre deux ou plusieurs personnages. Le conflit interne, c'est la difficulté d'un personnage à devoir affronter ses propres peurs et défauts pour réussir son objectif. Ces deux types de conflits servent à enrichir les bonnes histoires, de façon à créer des retournements imprévisibles et graves qui cassent le quotidien des personnages. Si vous cherchez à améliorer vos conflits, on en revient à l'éternelle question : comment la situation peut-elle empirer ?

– *La gestion des informations* : la meilleure gestion, c'est de distiller les informations au fur et à mesure. De manière générale, contentez-vous des éléments strictement utiles à chaque scène. Si vous en faites trop, les lecteurs vont se lasser puis décrocher. Pire : ils ne distingueront ni ne retiendront pas les informations importantes, puisqu'elles sont noyées parmi les détails accessoires. Même si vous pensiez faire de l'humour en racontant des anecdotes, d'ailleurs, cela rendra artificiel si la plupart ne servent pas l'intrigue. Donc pour chaque information, demandez-vous si elle sert bien la scène où elle est placée, ou si elle serait mieux plus tôt ou plus tard dans l'histoire.

– *Le style :* ici aussi, il vaut mieux faire simple, au début, puis enrichir le style à la correction. Attention aux phrases à rallonge dont on oublie le début en cours de route, à la ponctuation, aux répétitions, au registre des mots choisis, aux fautes, aux explications interminables, à la concordance des temps. Pensez à varier les sujets et tournures de phrases pour le rythme, soignez vos transitions pour ne pas sauter du coq à l'âne, évitez de survoler les scènes intéressantes, utilisez les cinq sens des personnages pour enrichir les descriptions (mais pas tous en même temps). Et bonus spécial virgule : apprenez à faire la différence entre « on va manger, mamie » et « on va manger mamie » ! Vous pourrez chercher à *faire littéraire* quand vous aurez déjà une bonne maîtrise de tout cela.

Ressources

En plus de mes connaissances et expériences, j'ai complété mon propos grâce à plusieurs ressources. En voici la liste, dont certaines sont mentionnées dans cet ouvrage, afin que vous puissiez approfondir le sujet si le cœur vous en dit !

– Les 4 étapes de l'apprentissage, du formateur en gestion Martin M. Broadwell

– La loi de Pareto, de l'économiste Vilfredo Pareto

– L'effet Dunning-Kruger, étudié par les psychologues David Dunning et Justin Kruger

– La théorie de l'autodétermination, des professeurs en psychologie Edward Deci et Richard Ryan

– Les niveaux logiques, du formateur en PNL Robert Dilts

– Le sentiment d'efficacité personnelle, étudié par le psychologue Albert Bandura

– La matrice d'Eisenhower, du Général et 34e président des États-Unis Dwight D. Eisenhower

– *Psychologie de la motivation*, Éditions Sciences Humaines, 2021, œuvre collective sous la direction d'Héloïse Lhérété

– *Osez réussir ! : Changez d'état d'esprit*, Éditions Mardaga, 2017, de la professeure de psychologie sociale Carol S. Dweck

– *L'apprentissage de l'imperfection*, Éditions Pocket, 2011, de l'enseignant en psychologie positive Tal Ben-Shahar

– *Technique du métier d'écrivain*, Éditions de L'Arbre vengeur, 2020, du théoricien et écrivain russe Victor Chklovski

Par ailleurs, si vous jetez un œil sur mon site, vous trouverez un onglet « *Ressources auteurs »*, ainsi que des articles sur la psychologie des personnages et des témoignages tirés de mes expériences éditoriales. (Succombez-y : c'est gratuit !)
siana-autrice.fr

Merci !

Lorsque l'inspiration fondatrice de cet ouvrage a soudain surgi, mes valeurs sont rapidement venues y poser des limites. À cette époque, je voyais des formations à destination des auteurs fleurir partout, certaines avaient l'air intéressantes et d'autres moins. Alors, avec mon idée en tête, j'ai tout de suite eu une pensée pour tous ces auteurs précaires dont j'ai longtemps fait partie. Les étudiants, les retraités, les sans-emploi, et tous les actifs au milieu qui galèrent à joindre les deux bouts.

Ma volonté s'est éclaircie très vite : je voulais transmettre de la motivation aux auteurs qui en ont besoin, oui, mais pas uniquement à ceux qui ont une situation aisée. Je me refusais donc à vendre une formation ou une prestation que je n'aurais moi-même pas eu les moyens de me payer lorsque j'étais autrice débutante. C'est pourquoi j'ai pensé au format que je pratique depuis des années : le livre ! Papier pour ceux qui préfèrent, e-book pour les micro-budgets… et tout devient possible !

Si vous n'avez pas acheté cet ouvrage, par manque de moyens, je peux tout de même le comprendre. Dans ce cas, vous pouvez faire quelque chose de simple, gratuit et sympa : parlez-en autour de vous, diffusez votre avis sur les réseaux sociaux, publiez un commentaire sur la plateforme d'achat. Vous aiderez ainsi d'autres auteurs autant que ce guide vous aura aidé ! (Et on dira que c'est l'équivalent d'un service presse.)

Mais ne me remerciez pas…

Si vous aidez à votre tour des auteurs que vous connaissez, comme j'ai voulu aider ceux que je voyais déprimer dans mon entourage, c'est moi qui vous dirai merci. Suggérez cet ouvrage à tous les auteurs qui bloquent sur leur projet et/ou qui se prennent la tête avec les injonctions à la productivité. D'ailleurs, s'il manque un cas de figure qui vous concerne, n'hésitez pas à me contacter via les réseaux sociaux, je pourrai éventuellement écrire un article de blog sur le sujet (si ce n'est pas déjà fait).

Et de mon côté, je remercie bien évidemment Ophélie Bruneau, Célia Flaux et Gradavad, qui m'ont aidée à la relecture et à la correction de cet ouvrage ; Julien L. pour son avis éclairé sur de nombreux points ; ainsi que toutes les personnes qui m'ont, de près ou de loin, même parfois involontairement, encouragée sur cette idée.

Qui est Siana ?

Je suis une autrice d'imaginaire à dominante psychologique, qui aime les expériences littéraires.

Je suis bêta-lectrice depuis 10 ans et éditrice en freelance depuis 3 ans.

Je suis une idéaliste qui espère rallumer l'étincelle dans le cœur des auteurs.

J'ai hésité un moment avant de me lancer dans cet ouvrage, mais je me suis dit, après tout, que j'allais simplement aider d'autres auteurs grâce à mon expérience. Parce que je lisais partout des injonctions agaçantes qui ne marchaient pas sur moi (la discipline, fixer des quotas) et ne pouvaient donc convenir à tout le monde ; et parce que je voyais mes amis auteurs déprimer sur leur manuscrit alors que moi j'arrivais à rester motivée. Ça m'a amenée à chercher *comment* j'y arrivais, et si je pouvais leur apporter quelque chose de concret.

Si j'ai voulu transmettre ma vision optimiste, c'est donc surtout parce qu'elle me permet de me relever régulièrement face aux tempêtes de la vie. Ne vous y trompez pas, toutes les compétences de ce guide, je les ai développées et apprises, ce n'est pas non plus inné. C'est juste, qu'à un moment donné, j'ai fini par m'en rendre compte ; je pratiquais la plupart des conseils que je diffuse ici sans en avoir conscience. Et je me suis dit que ça pourrait donc servir à d'autres auteurs. Parce qu'il m'a fallu quand même de nombreuses années et quelques déboires pour en arriver là. Au final, je suis maintenant comme le roseau, je plie mais je ne romps pas.

Si vous vous demandez si j'ai trouvé d'autres idées en cours de route, la réponse est oui ! En réfléchissant à mon plan et en écrivant mes chapitres les uns après les autres, j'en suis venue à conscientiser tardivement certains éléments, ce qui m'a d'ailleurs valu des déplacements et réécritures de plusieurs paragraphes. Notamment, tout l'aspect de la motivation qui vient de l'intérieur et à entretenir de manière renouvelée sur le court terme, qui est devenu un pilier de l'ouvrage (tellement que je l'ai ajouté à l'intro). Et il y a beaucoup de choses comme ça, qui sont arrivées intuitivement, que j'ai démêlées sans savoir qu'elles étaient là.

En débutant l'écriture, j'ai d'ailleurs été surprise de voir que je commençais par suggérer une méthode plutôt jardinière, quand je suis moi-même une architecte acharnée. Ce n'est donc pas juste ma façon d'écrire que je décris à travers cet ouvrage. Pour préparer un nouveau roman, en vrai, j'ai une trame vierge de dix-sept pages, où je réponds à un tas de questions et de rubriques. Sans compter que j'y ajoute plusieurs documents où je compile des précisions (univers, personnages, documentation…), ainsi qu'un synopsis détaillé. Mais je ne souhaite ça à personne, c'est extrêmement chronophage !

En tout cas, je suis heureuse d'avoir eu cette idée de livre après une longue expérience de bêta-lectrice puis être passée du côté éditrice. C'est fou, la quantité de nuances qu'apportent ces deux pratiques ! Je ne dirai jamais assez que la bêta-lecture m'a formée en tant qu'autrice. J'y ai trouvé tout ce dont j'avais besoin, en complément de mes lectures d'ouvrages et d'articles techniques sur l'écriture. Ce fut l'expérience pratique (de narratologie, donc) qui m'a *vraiment* permis de mieux repérer puis comprendre les rouages de la dramaturgie !

Voilà, je ne vous abreuverai pas ici de tous ces détails qui nourrissent uniformément la majorité des biographies et que je trouve profondément ennuyeux. J'ai préféré vous sélectionner ce qui était intéressant dans le contexte de cet ouvrage. Si vous souhaitez en apprendre davantage sur moi, je vous renvoie donc vers mon site Internet : <u>siana-autrice.fr</u>.